JN409433

때로는 질퍽녀의 불끈남처럼

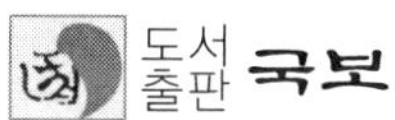

때로는 직녀의
불꽃놀이처럼

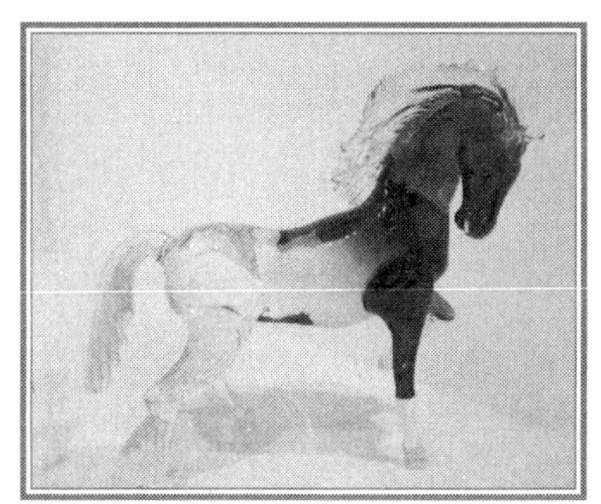

Contents

1장

그대 입술 내 꽃잎

Contents

2장

호시탐탐

황홀경

Contents

3장

꿈이여, 부디 한 번

Contents

4장

일확천금 독수리

Contents

5장

울면서 웃으면서

1장

그대 입술
내 꽃잎

푸른 눈동자

팝송, 「Beautiful Brown Eyes(아름다운 갈색 눈동자)」를 듣고 있다. 너무나 감미롭다. 한국어로는 '윌리, 나는 당신을 사랑해요, 내 마음을 다해 사랑해요. 내일 우리는 결혼할 수도 있었어요. 그러나 방랑벽이 우리를 갈라놓았어요. 아름다운 갈색 눈동자, 그는 비틀거리며 술집을 누볐지요. 그러다 문가에 쓰러져버렸어요. 결코 다시 푸른 눈을 사랑하지 않으리. 그가 입 밖에 낸 마지막 말은, 이제 결코 갈색 눈을 더 이상 못 볼 거야였지요.'

가사는 상당히 삼류 영화 수준이다. 여자는 말한다. 내일이라도 교회에 가서 들꽃부케 들고 목사님 주례로 결혼할 수 있다고 말하지만 남자의 방랑벽이, 술집에 있는 술이, 그러다 문가에 쓰러져버린 몸뚱이 때문에 피앙세는 눈을 감게 된다. 평생 갈색 눈을 봐야 하건만 안타깝게도 눈을 감게 되어 푸른 눈을 사랑하지 않을 것이고 더 이상 아름다운 갈색 눈을 볼 수 없다는 직설적인 내용에 씁쓸한 웃음이 나왔지만 가수, 'Connie Francis'의 애절한 목소리 때문에 30번도 더 반복해서 듣고 있다. 이참에 영어공부라도 해 볼까. 중학생 시절, 영문을 제대로 읽지 못하여 매를 벌었던 영어, 원한서린 알파벳을 새롭게 공부해 볼까. 아서라, 일어를 전공하였고 더듬거리면서도 일어판 소설을 읽을 정도면 되었지 환갑 넘은 나이에 무슨 망령인가.

그런데 한 시간도 넘게 이 노래를 듣고 있는 사정은 다른 곳에 있다. 가사가 적힌 화면 상단에 안치된 미녀 얼굴 때문이다. 정말 주름살 하나 없는 젊은 미녀의 얼굴. 돋보기를 쓰고 들여다보았더니 장미꽃잎보다 탐스런 아랫입술 중심부에 섹시한 금이 몇 개 그어져 있다. 말 그대로 오뚝한 콧날, 정으로 다듬어서 만들었나. 아름다운 갈색 눈동자는 칼로 오려서 만들었을까. 청보석이 박힌 듯 푸르건만 묘하게도 암청색 빛이 난다. 긴 머리칼이 오른쪽 볼을 반쯤 덮고 있다. 이마가 고산지대 설원처럼 눈이 부시도록 시원하다. 눈썹은 잘 말린 검은 지네 두 마리가 이미 박제가 되어 눈 위에 붙어 있다. 그래서 눈썹은 자라지 않는가 보다.

어떻게 이토록 여자 얼굴이 아름답단 말인가? 나는 왕이 된 기분이다. 왕관이 제법 무거워서 왕좌 등받이에 기댄 모습이 오히려 품위 넘치는 자세가 되었다. 속눈썹을 자세히 보니 가늘고 부드럽기가 그지없다. 고백하건대 나는 조심스럽게 내 성기의 털을 깎아본 적이 있다. 다시 돋았다. 돋을 때, 따끔거렸던 기억은 아직도 생생하다.

그런데 어찌하여 머리털처럼 계속해서 길게 자라지 않는 것일까? 적정선이 있어 털 스스로가 길이를 조절하고 있기 때문인가. 그건 다행한 멈춤이다.

화면 속 미인은 입술을 반쯤 열어놓고 있다. 앞니 두 개도 어렴풋이 보인다. 비록 연약하지만 그녀도 동물이라는 뜻이겠지. 사과를 따서 주면 그냥 삼키지 않고 씹어서 먹을 것이라는 예측이 가능하다. 또한 하품도 하리라는 짐작도 된다. 미녀도 하품할 때는 천진스럽겠지.

아직도 그녀는 눈 한 번 깜박이지 않고, 찡그리지도 않고 두 시간이 넘도록 나를 위하여 최고의 모델 노릇을 하고 있다. 내 코앞에서 고개 들고 나를 똑바로 쳐다보고 있다. 내가 손가락을 안쪽으로 구부리면 다가올 자세이다. 야성미가 철철 넘치는 젊은 노예. 어느 패전국의 왕족이기에 인질로 잡혀온 여인으로 생각하고 싶다. 그런데 귀걸이가 약간 보이는 것으로 봐서 누군가가 마지막까지 사랑했는가 보다. 귀걸이는 치장 이외에 사랑의 증표가 될 수도 있으니까. 사실 나도 여자에게 귀걸이를 사준 적이 있기에 하는 말이다. 귀걸이 걸었다가 떼어내고는 내 품에 안겼을 때, 아, 달콤한 땀을 얼마나 쏟았던가.

밤에 휘장 실루엣이 불빛을 통과하는 침실에서 이 여인의 나체를 보기 위하여 부르련다. 이토록 도톰한 입술은 어떤 요염으로 마술을 부릴지 아직은 모른다. 상상한 그대로 이 입술로 이 풍진 세상에서 천국의 꿀을 맛보게 될 것이다. 천국의 꿀이 무엇인지 궁금해 하진 말자. 현실로 바뀌면 자연스럽게 알게 된다.

이젠 나도 피곤한 모양이다. 청색 눈동자도 그만 바라보아야겠다. 진통제 먹고 잊어버린 치통이 다시 도지는지 잇몸이 쓰라려 온다. 이 여인도 피곤하겠지. 누가 너를 만들었냐고 물으나 마나 한 질문엔 애써 웃음을 감추면서 눈을 깜빡거리겠지. 그러면서도 클레오파트라 왕관에 조각된 코브라처럼 꿈속에서 입을 크게 벌리고 혀를 날름거릴지 아직은 미지수다.

조금은 비정상이기에 내가 하는 말은 어불성설일 수도 있겠는데 스스로는 왕이므로 내 상상은 절대적으로 내 몫이다. 고통의 반대급부는 오히려 성숙을 위한 선물인 것이다. 고통으로 빛나는 단련, 다이아몬드 같은 반사광. 그 다이아몬드는 상상처럼 영원하다.

참기름 같은 사랑

여기는 서울하고도 길동 중심가. 십일월 하순이라 새벽바람이 춥다. 아니 차갑고 맵다. 담배연기 내뿜 듯 숨을 뿜어보니까 하얀 입김이 나온다. 오래전에 연속극으로 유명했던 「겨울 연가」가 떠오른다. 남이섬 겨울나무 뒤에서 사랑을 속삭이느라고 하얀 입김을 서로 쏟아내는 그 애틋한 영상. 그 입김으로 시 한 편 쓰겠노라고 애를 쓰는 동안 어느 시인이 먼저 써먹고 말았다. 이 엄동설한에 뜨거운 입김으로 내 이름을 부르며 달려오는데 어찌 사랑하지 않겠느냐는.

서둘러 아침요기를 하고 김포공항으로 가서 제주도 비행기를 탈 생각이었다. 식당 찾기가 어렵지는 않았다. 어스름해도 광고판에 대낮같이 불을 밝힌 초대형 찜질방 일층에 대형 해장국 식당이 있어서이다.

사람들이 밥을 먹고 있었다. 찜질방에서 밤새워 몽롱한 사람, 과음으로 비틀거리다가 몽롱한 사람, 드물게는 나같이 행사 주최 측에서 재워준 모텔 방에서 잠을 설치고는 몽롱하게 기어나온 지방 인사들로 북적거린다.

병력이 다양한 나이기에 아침부터 기름진 음식은 피해야 한다고 주문을 외우고 다닐 정도라서 부담이 적은 콩나물비빔밥을 시켰다.

모처럼 서울 와서 심도 있는 구경도 제대로 못하고 왜 이토록 귀향을 서두르는가? 순전히 나를 애타게 기다리는 그녀 때문이라며 마법에 걸린 듯 중얼거리면서 대충 비비고는 먹기 시작했다. 웬걸, 첫 숟갈부터 맛이 없었다. 어제 만찬으로 비싼 뷔페로 과식한 탓도 있겠지만 이렇게 맛없을 수는 없다고 조심스럽게 씹으며 억지로 몇 숟갈을 더 삼켰지만 도무지 목 아래로 내려가질 않았다. 이대로 남길 수밖에 없다는 생각이 들자마자 다 못 먹어도 좋을, 그러면서도 자극적인, 저렴한 참치주먹밥을 추가로 시키면서 큰 소리로,

"이 콩나물비빔밥, 너무 맛없어서 못 먹겠다."

그랬더니 홀 서빙 아주머니가 득달같이 달려오더니 소문난 식당에 어디서 굴러먹던 개뼈다귀 같은 촌놈이 와서 무슨 뚱딴지 같은 소리냐는 식으로 어이없어 하면서도 참기름을 듬뿍 넣어주고, 김 가루도 쳐주더니, 더하여 이르기를, 간장 소스를 넣고 비비지 않았으니 심심해서 그럴 수밖에 더 있냐며 숟가락을 들더니 노련한 손길로 잘 비벼주며 어서 먹어보라고 달래듯 권한다. 심통난 아이처럼 찡그린 얼굴로 먹어보았더니 뜻밖에도 먹을 만하였다.

비로소 주변도 물끄러미 바라보면서 느긋하게 먹다 보니까 엉뚱한 생각이 꼬리를 문다. 메뉴 판엔 주문할 수 있는 요리가 무려 백열 가지이다. 기가 막혔다. 동서양을 통틀어도 찾아보기 힘든 메뉴였다. 이 정도의 메뉴가 준비되어 있으니 맛 좋기로 소문난 식당에 와서 제 입맛 없어서 맛없는 줄은 모르고 역사와 전통을 자랑하는 콩나물비빔밥을 맛없다고 해서 되겠냐는 상황이다. 다시 말하자면 남의 귀한 딸을 하룻밤 유혹하고는 제풀에 기신이 딸리니까 책임 못 지겠다는 거와 비슷한 상황이라는 거다.

아무튼 얌전히 식사하는 내 모습이 귀여운지 그 바쁜 틈에도 곁을 지나면서 관례상 방긋 웃어주기까지 했다. 이제 불만도 가시고 여유가 생겼기에 디지털카메라를 꺼내어 메뉴판을 확대하면서 가까이 대고 여러 컷에 나누어 사진을 찍었다.

드디어 다 먹고는 냅킨으로 입을 닦으면서 양념에 대하여 골똘히 생각하였다. 웬만한 맛은 다 돋보이게 하는 참기름이야말로 가장 활달한 매개체였다. 참으로 고소한 기름인 들깨, 콩, 유채, 동백, 야자, 올리브, 등등.

때로는 거부할 수 없어 쓰디쓴 약도 마셔야 하는 것이 인생이다. 그 쓰디쓴 약을 매번 짜증을 내면서 삼킬 수 없기에 먹기 쉽도록 예쁜 옷을 입힌 당의정으로 제조해서 복용하고 있는 거다.

여자의 화장도 그런 안쓰러운 삶의 표현일까. 이왕 옷은 벗지만, 살짝 가리면서 수줍게 웃는 그대의 표정은 얼마나 황홀한가. 남들은 모른다, 그 야릇하고도 짜릿한 맛을. 일본 속담에 '남자는 용기, 여자는 애교.' 라는 말이 있다. 남자와 여자라는 단 두 가지의 메뉴로만 만나는 인간들에게는 용기와 애교야말로 사랑의 탑을 쌓는 흥미진진한 참기름인 것이다.

그대의 입술 비슷한 곳에 은밀히 고이는 참기름, 그걸 깊이 들이마시려는 거친 나의 숨결. 여자의 행복을 위하여 땀을 흘리는 남자는 정녕 아름답다.

분명 주문했음에도 참치주먹밥은 나오질 않았다. 그 때문인가, 엉뚱하게도 한번 태어났으면 열심히 살아야만 하는 것이 최고의 덕목이라는 생각이 났다. 그렇지, 한번 정했으니 끝까지 신의를 지키고 운명적인 사람을 위하여 헌신적인 참기름을 오래오래 간직하리라는….

남녀의 계절

봄처녀, 가을 남자. 이유인즉 남자는 양, 여자는 음이라는 음양오행설에서 기인한다. 봄과 여름은 따뜻한 양陽이고 가을과 겨울은 차가운 음陰이다. 남자의 따뜻함은 여자를 녹여 씨를 심으며, 씨를 키워야 할 여자의 다정多情은 남자를 맞이하게 된다. 여자는 자신의 몸과 마음의 음 기운이 겨울 내내 얼어붙어 침묵을 지키는 연못처럼 조심스러운데 양의 기운인 봄을 만나게 되면 따뜻한 목木인 봄기운을 받아 한껏 아지랑이를 피워 올린다. 그래서 마음이 싱숭생숭해진다.

남자는 양의 기운이 여름 내내 불타다가 음의 기운인 가을을 만나게 되면서 차가운 기혈인 금金 기운을 받게 되어 서서히 식어지기 때문에 점점 우울해진다. 그 저항 심리로 가을 남자는 무쇠를 뚫게 되고 봄을 맞이하는 여심은 쇠 젓가락도 끊게 되는 거다.

그래서 남자가 가을을 타는 원인으로 호르몬과 일조량의 변화를 꼽는단다. 즉, 녹음이 푸르렀던 봄과 여름이 지나가고 낙엽 지는 가을이 되면 지나가는 한 해를 돌아보기 시작하는데 성취욕이 강한 남성인 경우는 여성보다 더 허무감을 피부로 느끼게 되면서 누군가에게 접근하고 싶거나 스스로 고독에 침몰하게 된다는 거다. 거기다가 중년의 남성인 경우 기대하는 일이 풀리지 않으면 자신의 한계를 체험하고 사회적으로나 가정에서 존재감을 잃어가면서 상대적 박탈감이 더 크다는 거다.

더하여 기온의 변화에 따른 생체리듬의 변화도 한 이유로 일조량이 줄어들고 기온이 낮아지면 항우울 효과가 있는 뇌의 갑상선 호르몬 대사가 줄어드는 대신 노에피네프린, 세로토닌, 가바(GABA)와 같이 정신적으로 차분하게 만드는 뇌의 신경전달물질의 분비가 증가한다. 때문에 가을이 되면 심신이 가라앉는 느낌이 커지게 되어 가을을 타는 현상이 발생하는데 이것도 일종의 우울증이기에 햇볕이 보약이라고 하지만 가난한 나는 돈이 보약이므로 해설이 마뜩지 않다.

봄이 오면 여자는 생기가 넘친다. 봄에는 여자가 바람이 나기 쉽고, 가을에는 남자가 바람이 나기 쉽다는 설정에 남비추여희춘男悲秋女喜春이라 하여 가을에는 남자가, 봄에는 여자가 더 사무친다는 정서적인 차이를 나타낸다고 보았다.

봄바람은 품으로 기어든다는 속담처럼 앵두나무 우물가에 동네 처녀 바람나기 쉬운 봄과 달리 가을은 결실과 상실의 이중적 갈등으로 일종의 우월감이나 황량荒凉한 이미지를 나타내기에 선인들은 가을을 차가운 금추金秋로 보았다.

육십이 넘도록 가을 남자로 살고 있는 나로서는 보편타당성이 즐비한 상식만으로는 만족할 수는 없다.

남자는 하늘이고 여자는 땅이라는 말은 마음에 든다. 남자가 소변을 볼 때 서서 보는데 공간 즉, 하늘을 배경으로 폭포처럼 싸고 여자가 소변을 볼 때는 앉아서 눈다. 싼다는 말은 쌓는다는 말뜻이고 눈다는 말은 늘어놓는다는 의미이다.

아이 적에 철없는 남녀가 어울려 놀면서 남자아이는 작은 고추지만 한껏 발기시키고는 오줌발 멀리 보내는 시합을 했고 여자아이들은 엉덩이를 까고 앉아서 누구의 오줌이 깊이 패는지 내기하면서 깔깔거렸다.

남녀가 총을 맞으면 쓰러지는 모습이 다르다. 남자는 거의 앞으로 쓰러지고 여자는 뒤로 발라당 나자빠진다는 거다.

허리를 중심으로 보면 등은 하늘에 가깝고 엉덩이는 땅에 가까운 것은 이론 상 맞다. 남자는 하늘이기에 등이 발달한 거고 여자는 전답처럼 곡식을 가꾸어야 하기에 땅처럼 엉덩이가 큰 거다.

나는 가을이 오면서 서서히 성욕이 떨어진다. 겨울이 오면 성욕도 겨울잠을 자는 수준이다. 여름 내내 나무마다 푸른 잎사귀 무성하고 꽃은 저마다 눈부시고 영그는 열매 또한 탱글탱글 하기에 마음이 풍요로운데 가을 짙어가면서 어디론가 떠나려고 나들이옷으로 갈아입은 단풍은 간이역에서 서성이는 길손으로 보여 마음이 울적해진다. 더하여 하늘은 왜 이다지도 텅 빈 느낌인가. 여름 장마로 소낙비로 엄청나게 물을 쏟아냈음이다. 그러다 보니 양떼구름은커녕 양털구름도 없어 폭격 맞은 것처럼 허공인데도 자위하느라고 하늘이 푸르고 높단다.

벌거벗은 나무들이 빈 손 들고 떨고 있는 풍경을 바라보는 가을 남자는 무척 고독해진다. 거기다가 등에 녹는 서리는 왜 그리도 차가운지 먼 길 떠나는 청둥오리 울음조차 가슴이 아프다. 등이 넓은 탓이다. 여자를 품어서 울음을 웃어야 할 사랑이 넘침이로다.

여자는 치마를 입는다. 퍼질러앉아도 땅의 기운을 받기 위함이다. 엉덩이가 펑퍼짐한 것도 호박씨를 많이 지니기 위한 자연적인 진화 현상이다.

들판에 아지랑이가 피어오르면 여자는 얼음장 밑으로 흐르는 물처럼 은근하다. 그리운 남자가 달려와서 쓰러뜨리면 말 발굽에 밟혀도 다시 일어서는 봄풀처럼 더욱 푸르게 산다. 지상에 쌓였던 몇억 톤의 눈이 녹고 계곡이 넘치도록 물소리 우렁차니 봄 처녀들 저기 제비붓꽃 수줍음 감추고 문설주에 기대섰네. 임 마중하러 분바르고 모두들 나왔네.

다시 가을. 나는 낙엽이 아니네. 익은 과일을 따먹으려고, 살진 물고기 잡아먹으려고 멀리서 날아온 후조이네. 그리움 구만 리 펼쳐 있는 하늘이기에 어쩔 수 없이 고독은 즐기지만 지혜를 키운다.

어제도 마냥 낙엽이 대성통곡하는 거리로 나섰다. 갈바람이 나하고 마주쳤다. 지나가야 하므로 어느 쪽인가는 비켜주어야 한다. 갈바람에게 질 수가 없어 그냥 지나치려고 했더니 가을바람이 내 패를 뚫고 인사도 없이 차갑게 지나간다. 가슴이 뚫린 나는 분노에 찬 얼굴로 가을바람을 노려보았다. 미안했던지 가을바람이 당황한 표정으로 속삭인다. '터진 구멍은 시詩로 메워. 아니면 여자를 품든지.'

삶은 국수 후루룩 빨듯

그녀로부터 밑을 튕기자고 meeting coll이 왔다. 나는 서서히 원시 시대로 돌아가는 들개처럼 눈빛이 그윽해진다. 멀리서 이쪽을 한참이나 눈여겨보다가 시야에서 슬그머니 사라지는 들개의 뒷모습.

그녀의 방은 7층, 엘리베이터엔 CCTV가 설치되어 있어 편하게 갈 수 있지만, 들개처럼 재빠르게 7층까지 단숨에 뛰어가고 싶지만 체력을 비축하기 위하여 천천히 오른다. 용의주도하게 오른다.

현관 앞에서 머뭇거림도 없이 신호를 보낸다. 문이 자동으로 활짝 열린다.

설렘과 두려움과 뿌듯함이 뒤섞인 순간들이 겹쳐지고 엉뚱한 발상이 뇌리를 스친다. 초등학교 시절, 즐겨 읽었던 동화책, 「40인의 도적과 알리바바」.

지금도 잊지 못하는 대목은 도적이 훔쳐가려고 돈이 있는 집 대문에만 표시를 했는데 영특한 알리바바는 집집마다 표시를 해버려 도적들을 우왕좌왕하게 만들어버렸다는, 그런데 묘하게도 그 제목이 '삽입하는 도적과 알리바이' 로 들린다.

또한 문이 무척 기다렸다는 듯이 열린 것을 간과할 수 없다. 이미 그녀는 7층 베란다 커튼 뒤에 숨어서 들개처럼 다가오는 내 모습을 훔쳐보고 있었기에. 이 광경을 지인들에게 생생하게 공개하면 더 좋겠지.

하도 오래되어 소설 제목을 잊어버렸지만 뇌리에 새겨진 대목은 그렇다.

왕비와 친위대장이 은밀한 불륜을 저지르게 된다. 내친김에 왕위 찬탈을 위하여 거사를 일으킨다. 야전 사령관과 묵계가 있음은 물론이다. 왕비가 왕을 침실에서 맞이하여 홀라당 벗고 비틀고 있는 동안 매수한 친위대가 성문을 열기로 되어 있다.

그러나 성문을 열고 공격해온 야전사령관은 친위대장을 포박한다. 더하여 왕은 사형을 명령한다. 왕비는 더 고혹한 표정으로, 대략 난감한 표정은 절대 숨기고 왕 옆에 앉아서 눈이 부시게 빛나는 다이아 반지에 눈길을 주고 있다. 왕비의 배신, 신랄한 표현으로는 여자의 배신이다.

드디어 손이 묶인 채 쇠뭉치 쇠사슬을 끌며 단두대가 있는 언덕으로 오르고 있다. 양쪽으로 도열해 있는 군악대 병사들이 들려주는 북소리에 맞추어 힘겹게 걸어갈 때, 성벽 모서리에 숨어서 내려다보는 왕비의 눈길.

소설이 무슨 대수이랴, 신발을 벗고 나서 가볍게 포옹한다. 아니, 짧고도 포근하게.

푹신한 소파에 앉아서 자연스럽게 TV를 켜고 편안한 분위기가 이루어지면 그녀는 가볍게 떨리는 목소리로 묻는다. 자연산 전복과 제주산 쇠고기 아롱사태 중 어느 것을 먹겠느냐고. 육식을 잘 먹는 남자가 아들이 될 씨앗을 많이 뿜어낸다고 한다. 정말인지는 모르겠지만 내가 느끼는 것은 있다. 육식을 씹어 먹을 때 감추어진 피비린내가 후각을 강하게 자극한다는 것을. 그러므로 식물성을 섭취할 때와 달리 더 야성적일 것이라는. 그래서 쇠고기에 뜨거운 쌀밥을 게걸스럽게 먹었다. 밥도 찹쌀을 섞었는지 무척 차졌다. 여기서 찰밥은 지구력을 의미한다.

입가심으로 포도주를 마신다. 여자 힙처럼 생긴 포도주 잔에 물로 화한 포도향이 검붉은 몸부림으로 넘실거리는 듯하다. 들개 같은 주제에 어떻게 배웠는지 잔을 슬몃하게 돌리고 코를 들이대고 향을 느낀 다음, 그녀의 잔과 기막히게 짠, 하고 예술적으로 부딪친다.

마셨으니 곧바로 비닐 샤워실이 딸린 화장실로 직행했다. 내가 화장실 거울을 눈여겨보면서 양치를 하는 동안 그녀는 바쁘다. 설거지를 대충하고 곱게 개어둔 잠옷을 침대 위에 대령하고 아까 화장을 지우다 만 얼굴에 클렌징 크림을 바르며 부지런히 닦아내고 있는 것이다. 마음은 설레겠지. 은밀함이 출렁이겠지. 남들은 용용 죽겠지.

내가 목욕을 마치는 낌새를 미리 알아차리고 달려와서는 뽀송뽀송하게 내 몸의 물기를 깨끗한 수건으로 닦아주고는 잠옷을 얼른 내준다. 달랑 잠옷만 입는 거다. 그녀는 벌써 잠옷을 입고 있었고 화장실에서도 용의주도하게 소변을 미리 보고 양치를 하게 될 것이다.

그동안 나는 침대에 대자로 누워서 잡념을 산책하면 된다. 그녀에게는 원피스형 잠옷이 세 개이다. 검은색과 붉은색, 그리고 초록색. 초록색 잠옷을 설명하기를, 내가 안 올 때 입는 잠옷이라고. 내 눈치를 봐가며 검은색을 입는 날이 있는가 하면 붉은색을 입을 때도 있다. 오늘은 붉은색이다. 개는 색맹이라는 말을 들은 적이 있는 것 같다. 아무 잠옷이면 어떠랴, 금방 벗게 될 것을. 잡념 속에서 문득, 우리 종씨인 고명인 시인의 시, 「국수를 삶을 때」가 생각난다.

국수를 삶고 빨고, 고명을 얹고, 둘둘 말고, 후루룩 먹고, 입을 슬그머니 닦는 일련의 행동이 무척 푸짐하고 즐겁고 아늑하여 행복에 겨운 나머지 이렇게만 살았으면 좋겠다고 끝맺음을 한 절묘함에 절로 웃음이 난다. 잠시 후 그녀가 부끄러운 듯 달려와 안겼기에 미안하지만 더 이상 말 못하겠다.

지금은 오스트리아로 귀화해버린 그녀. 다시 그딴 짓 하려고 해도 못할 사이가 되고 말았지만 붉은 장미는 이 세상의 환희, 검은 장미는 저 세상에 남긴 추억, 오래 살면서 국수 한 그릇이나마 두 손으로 들어올려 국물마저 마시듯 즐겼으나 아쉬움은 달콤한 상처로 남는가.

사랑의 호르몬 옥시토신

사귀는 여자에게 보고 싶어서 전화를 했는데 심각한 어조로 '나중에 전화할게요.' 하고는 끊는다. 이때 감성이 풍부한 남자는 긴장한다. 그 여자의 주변 상황이나 심리상태가 지금은 전화를 거부할 수밖에 없는 상태라는 거다. 사랑의 강도가 높을수록 불안이 더 크다.

이와 비슷한 경우로 '이따 전화할게요.'가 있다. 이따는 잠시 후니까 쉽게 기다릴 수 있다. 그런데 이따는 한참이 지나도 도통 무통일 수가 종종 있다. 기다리다 못해 전화가 안 와서, 무슨 일이 생겼는지 궁금해서 다시 전화를 했다고 하면 그다지 미안해하지도 않으면서 다른 일로 바빠서 그만 깜박 잊었다고 한다.

남자는 괜스레 마음 한구석이 허전해도 감탄사를 크게 넣고는 애써 동조해 준다. 정말 바빠서 그랬을 거라며. 하지만 이때 발생되는 현상이 있다. 여자에겐 조짐이, 남자는 낌새를 느낀다는 거다.

사귀는 여자가 단둘이 만났어도 말이 줄었다든지, 눈길을 제대로 못 맞추면 이상기류가 흐르고 있다고 알면 된다. 그런 만남이 부담스러우니까 자연히 횟수가 줄어들고 대신 전화 통보로 바뀌는데 이때 반드시 지적능력으로 감지하지 않으면 나중에 치명타를 받을 여자의 대화가 있다. 언제 오겠느냐, 언제 만날까 라는 말이 없는 경우. 더하여, 요즘 바쁘다는 말, 지독히 불쾌하다. 솔직히 말해서 바쁘다는 말, 기분 나쁘다. 자신의 일정에 방해가 된다는 뜻이므로. 또 하나는 '그동안…' 이라는 그동안은 이미 결별 수순인 줄 알면 된다.

그리고 통화 중에 부담 없이 대답할 수 있는 사안임에도 불구하고 말없음표가 아메바처럼 번지기 시작하면 갈 때까지 가고 있다고 생각하면 된다.

네 귀로 두 개의 하트를 만드는 것이 사귀는 것인데 두 귀를 잃으면 통화 중에 말을 더듬거나 침묵이 깊어진다. 그때를 기준으로 감성에서 이해를 따지는 지성으로 돌아섰다고 판단하라.

국민가수 조용필은 어느 인터뷰에서 '수많은 청중 앞에서 땀범벅으로 공연하고 나면 허무한 마음뿐이다.' 라는 말을 했다. 즉, 일시적인 공항상태라는 뜻이다. 그럴 때 찾는 것이 술이라고 했다. 주량을 넘어 폭음에 가까워야 술기운은 악마의 미소로 허무감을 달래준다는 거다. 그런 와중에 불후의 명곡인 「허공」을 작사 작곡을 했다고 한다. 모든 사연은 허공 속에 묻어야 할 슬픈 옛이야기라는 시적인 표현에 나도 「허공」이라는 시를 썼음은 물론이다.

현실적으로 사랑이 부담스럽다고 느낄 때, 여자의 감성은 타격을 입는다. 단순한 남자는 한 번에 만리장성을 쌓았다고 안도하면 곤란하다. 때로는 치마만 입어도 조심스럽게 밤거리를 돌아다닐 수 있는 동물이 여자다. 이런 발언을 하는 나도 나쁜 남자에 속한다. 여자 조련사에 가까우니까 더욱 그렇다.

유별나게 나를 아껴주는 여자를 황야에서 포획한 야생마로 생각하는 습성이 있다. 그런 행동이나 습성은 원시 그대로 놔두고, 필요에 따라 조련하겠다는 음흉한 저의가 있으니 말이다. 그래서 둘이 한 몸이 되어 거친 들판을 힘껏 내달리는 거고, 아니면 달아나도 짐짓 모른 척하는 거다.

앞일은 누구도 장담할 수 없으므로 떠나는 여자는 떠나게 해야 한다. 헤어짐을 염려한다면 자발적으로 준 것만 받아야지 준 게 너무 많아 그냥 찰거머리로 달라붙으면 새로운 사업에 타격을 받게 된다. 재고품 보관 비용이 만만치 않음을 남자들은 안다.

남녀가 찢어질 때 여자가 80% 이상 손해 보는 것으로 나타나 있다.

이 통계 측정은 사람들을 도와주는 매체가 주로 여자를 상징하는데 기인한다. 천사나 선녀, 우렁각시도 여자다. 백설 공주, 마술 공주, 숲 속의 요정도 다 여자이니 말이다. 특히 거북이 춤을 출 때도 여자의 하복부이기에 폭격의 피해도 고스란히 남기에 그러하다.

정겨운 그녀로부터 하루에도 3번 이상이나 오던 전화가 3일이 지나도 무통이다. 이미 사태의 심각성을 감지한 나는 한라봉 한 개를 다 까먹도록 그녀를 그려본다. 한라봉이 또 있으니까 내 마음을 달랠 수 있다. 들판에 나가서 휘파람을 불면 꾀꼬리 같은 새들도 날아오겠지.

헤어지고 나서 새로 만나면 제각각 새로운 만남, 그리하여 새로운 사랑. 해마다 오는 봄이 작년 봄과 같다면 가계부를 새로 살 필요가 없는 거지.

나를 새것으로 부활할 수 있도록 힘껏 버려준 그대의 전화 불통을 고마워해야 한다. 물론 그녀도 헐벗은 나를 버리고 새봄을 맞이하면 한껏 아름다워질 것이다. 목련이 작년보다 더 커졌으므로 부푸는 꽃망울도 그만큼 탐스러우리라.

새로운 이성을 만날수록 창궐하는 사랑의 호르몬, 옥시토신. 그 신비로운 물질을 새롭게 맛보려면 입술을 깨물면서도 해묵은 이별을 눈물 젖은 미소로 맞이해야 한다.

십 하나 사랑

그녀와 나란히 앉아서 붓글씨 공부하느라고 천자문을 쓰고 있는데 보양제를 먹일 심산인지 그녀가 싱크대 쪽으로 가더니 꿀에 저민 유자차를 따끈한 물에 저며 건네준다. 흐뭇한 표정으로 한 모금 마시고 그녀의 얼굴을 살폈더니 조용히 웃으며 얼마나 저를 사랑하는지를 물어왔다.

순간, 장난기가 발동하여 '하늘만큼, 땅만큼' 이라고 하려다가 유치원 수준이라서 '언제까지나 하염없이' 라고 하려다가 유행가 같기에 '호박덩굴을 만난 거지.' 라고 대답했다.

다시 붓을 잡고 화선지에 조상 조(弔)자를 쓰려는데 속삭임 비슷하게 말하기를,

"우린 남들보다 뜨겁게 사랑한 거지?"

뜨겁게 사랑하고 있으면 됐지, 무얼 또 바란다고 확인까지 하는지

의아하긴 했어도 붓끝에 정신이 팔린 채 '응' 하고 평화로운 소리를 보여주었다.

그도 그럴 것이 장난삼아 달력에 횟수를 적어놓고 있었는데 해도 해도 너무 하고 말아서 돌팔매를 맞을 만큼 놈이나 년이나 대단했으니 짧고 흥겹게 '응' 이라는 대답은 참으로 안성맞춤이었다.

"우리 일 년은 남들 십 년만큼 사랑한 거지?"

그녀도 덩달아 흥겨운 목소리로 다짐하듯 응수를 해 왔다.

괜히 우쭐해진 나는 나처럼 마력적인 남자는 없다고 최면을 걸려면 이럴 때 여자의 눈을 왕창 가려야 한다는 속셈으로,

"그럼, 충분하고말고."

이 대답으로 대화를 마쳤는데 붓글씨로 쓴 천자문 대목은 '知過必改 得能莫忘' (자신의 과오를 깨달았을 때는 반드시 신속히 고쳐서 선善으로 옮길 것이다. 그렇게 배운 것은 잊지 않도록 가슴에 새길 일이다.), 이어서 '罔談彼短 靡恃己長' (타인의 단점을 비평하거나 자기의 장점을 자랑하는 것은 덕을 손상하는 어리석음이다.) 라는 문구를 흥에 겨운 듯 활달하게 쓰고 있었다. 그런데 묘하게도 장長자가 있는 곳이 천자문에서 100번째의 글이다.

그랬던 며칠이 지났다. 꼭 만나던 요일에 용의주도하게 핸드폰을 보냈다.

"가도 돼?"

"아니, 오지 마세요."

"왜?"

"바빠서요."

"그래, 바쁘구나. 나중에 연락하자."

바쁘다는 말이 귀에 거슬리긴 했지만 그렇게 또 며칠이 지났다. 야성은 이성이 아니기 때문에 인내력이 부족하여 천방지축을 울리며 핸드폰을 보냈다. 얼씨구? 응답이 없다. 또 보냈다. 이번에는 발신음이 멈추기도 전에 끊겼다. 예감이 이상했다. 맛이 변한 느낌이었다. 바쁘면 맛도 빨리 변하기 때문에. 그래도 며칠을 참았다가 또 핸드폰을 보냈다. 어이없게도 핸드폰에 사용 중지 명령이 하달되었다.

나는 농경민의 자손이 아니고 유목민의 후예다. 즉, 항구 찾아 항해하는 마도로스 기질이 있다는 말이다. 역마살이 끼었다고나 할까. 아무튼 유목민은 기후나 형세나 환경이 불리하면 떠나게 되어 있다. 땅을 지키는 농경민이었다면 그녀 집에 찾아가서 대문을 이마로 찧거나 발로 차면서 흐느끼듯 그녀 이름을 불렀을 터인데 아주 인색하게 메일을 보냈을 뿐이다.

혹자들이 궁금해 할 것이므로 내용 일부를 공개하겠다.

'정말 안 만날 거냐?' 를 묻고는 '아무도 우리를 몰랐으니 탁월한 선택을 했군.' 이런 내용들이다.

그러면서도 한편으로는 백 번도 넘는 나의 고집에 순순히 따라주었던 지고지순한 그녀의 사랑을 유언도 없이 결별해야만 한다는 내

양심은 이미 억지를 쓸 수가 없게 만들어져 있었다.

평소 남자다움이 넘치던 내가 슬그머니 뒤돌아볼 순 없지 않는가.

그래도 속사정은 심란하여 단 한 번 그녀의 집 앞 동산에 올라가서 집 안을 살폈다. 내가 있을 때는 무작위로 전등을 끄지만 나를 알기 전엔 저녁 10시에 전등을 껐다는 그녀. 아아, 그날은 10시에 전등이 꺼졌다. 우선은 안심했다. 나같이 형편없는 놈이 아직 없다는 결론을 내릴 수가 있었으니. 그러나 그날로부터 어느덧 일 년이 지나가고 있다. 그녀의 침묵은 그렇게 황금처럼 빛나고 나의 독백은 녹슨 고철이 되었다. 아니다. 시詩가 나를 구원해 주었다. 그동안 80편의 헌시獻詩를 써서 간직하고 있으니까.

앞으로 9년이 지나면 나는 침묵이 얼어붙은 감방에서 스스로 출소할 것이다. 고희가 되어 노쇠한 몸을 이끌고 겨우 그녀의 집 앞 동산에 올라가서는, '여기 병든 멧돼지가 왔노라.' 라고 중얼거리다가 잠시 서글퍼서 울 것이다. 그럴 수밖에 다른 방도가 없다는 생각이 들자 암기하고 있는 곳까지 천자문을 읊조렸다. 조장弔長이라는 말이 떠올랐다. 조장弔長이라…. 나름대로 풀이하면 '오래 사랑할 수 없는 그들의 만남을 애도하노라.'

개와 개의 향연 (1)

이 내용은 나 혼자만 즐기기엔 너무나 아깝고, 하루라도 빨리 기록해서 신선도가 떨어지기 전에 내 문학을 옹호해 주는 독자들에게 은밀히 공개하려고 한다.

그러니까 바로 오늘 새벽, 베란다 창문을 열고 주변을 살피면서 여느 때처럼 시원한 새벽공기를 들이마시려고 하는 순간, 바로 앞집 건넛집 옥상에서 개 두 마리가 교미를 하고 있는 것이 아닌가!

저렇게 생생한 광경을 목격한 나는 내 몸 어딘가에 뜨거운 열기를 느끼고 있어야 한다고 생각하면서 우선 그 집 주변을 살펴보았다.

그 집은 사방으로 우리 아파트처럼 고층건물들로 둘러싸여 있는데 나 이외의 목격자는 없기를 바라면서 창문마다 눈여겨보았다. 아무도 보이지 않았다.

나는 다시 눈길을 개들에게 고정시켰다.

차츰 새벽 여명도 많이 씻기어 햇살에 드러난 유리알처럼 그 집 옥상에 걸린 간판도 훤히 보인다. '견창갈비집' 이라고.

병아리 주둥이 같은 노란빛을 머금은 햇살 사이로 개들의 털 하나하나가 무슨 바늘같이 뾰족 뾰족 돋아난 듯 보여서 나는 입속이 조금 뻑뻑하여 마른침을 삼켰다.

서로 엉덩이를 맞붙이고 반대편에서 끌어당기고 있는 동작으로 머리가 땅에 닿을 듯이 힘을 주고 있음이 역력했다.

"저런, 분리하고자 하나 그렇게 마음대로 분리가 되나? 수요 공급이 충분해야 분리가 되지." 지금 나 말고 목격자가 없음을 감지한 나는 비교적 여유 있게 중얼거렸다. 어느 것이 암놈이고, 어느 것이 수놈인지 그것도 궁금했다.

조금만 더 일찍 일어나서 창문을 열었더라면 하는 아쉬움이 발끝을 짜릿하게 하건만 여기서는 확인할 수 없으니! 그렇다고 거기 가서 직접 눈으로 똑똑히 확인할 거야, 어쩔 거야! 그 옛날 우리들 어렸을 적에는 학교 가다가 길에서 이런 장면을 만날 때는 심술궂은 개 주인이 나타나서 차가운 물을 개들의 엉덩이에 쏟아부을 때까지 턱 고이고 앉아서 오랫동안 지켜보았지. 콧김을 쏟아내며 할딱이는 개들이 부럽기도 하고 얄밉기도 해서 말이지. 개들이 차가운 물세례를 받고 깜짝 놀라서 둘로 나누어지면서 어느 놈이 암놈이고 수놈인지 알 수 있게 될 때, 그때가 나는 기분이 묘하게 좋아졌다.

지금 저기 옥상엔 황홀한 개 두 마리밖에 없다. 개 주인도 없고 감

똑같이 다른 개들도 없다. 언제 끝날 거냐? 개들의 시간은 넉넉하나 나는 조급하다.

아침밥을 짓고 있는 아내가 등 뒤에서 추운데 창문을 왜 열고 있느냐고 목소리를 높일 것만 같다. 그나마 다행인 것은 가끔 계절의 변화를 엿보고 싶어 창밖으로 고개를 내밀어 빗방울에 젖어보기도 하고, 아침 햇살에 얼굴 씻어 보기도 하고, 우리 아파트 정원에 사는 감나무 잎이 어느 정도나 곱게 물들었는지 내려다보는 습관이 있기에 그러려니 하겠지만….

이 상황을 길이 간직하기 위하여 수필을 쓸까?

어떻게 수필을 쓸까? 수필은 소설과 달리 '가공架空의 진실' 이 아니고 '진실의 가공加工' 이라고 말하고 싶다. 상상에 의한 허구의 세계가 아니고 실제로 느낀 바를 글로 꾸미되 그 무엇인가 공감하여 공유할 것이 있어야 한다고 생각한다.

진선미를 추구함이 삶의 근본이라 수필도 글로 쓴 진선미가 주종이므로 품위와 격조가 있어야 하거늘 이렇게 저질스러운 재료로 수필을 써도 무방할까?

이순의 나이에, 개들이 눈앞에서 교미한다고 하여 새삼스럽게 얼굴 붉어질 나이도 아니고, 사는 동안 정들었던 사람들이 눈앞에서 세상을 등질 때에도 어쩔 수 없이 불쌍한 영혼을 위하여 기도하는 것 이외는 꺼져가는 불씨를 되살릴 힘이 없어 깊이 절망했던 기억과 더불어 예기치 못한 일로 개들의 교미보다 더 흥미진진한 상황이 얼마나 많은 세상인가!

똑같은 흙으로 고려청자를 빚을 때와 요강단지를 빚을 때가 있다. 고려청자나 요강단지나 불로 구워낸 도자기이건만 사람들이 고려청자를 엄청 선호하는 이유가 뭐냐? 대변 썩는 냄새가 싫고 된장찌개 냄새가 좋은 이유가 뭐냐?

나체로 길거리를 돌아다니면 안 된다고 한다. 혐오감을 주기 때문이다.

혐오감을 주는 소재로 수필을 써서는 안 되는 이유가 뭐냐?

'진선미' 라는 삶의 뜻이 살아갈수록 내 인생을 귀하게 하고 있음을 알면서도 나는 왜 짐짓 말을 더듬고 있나?

전에 저녁 텔레비전 방송에서 안락사를 전문으로 하는 미국 국적 의사가 소개되었다. 불법이긴 해도 환자와 환자 보호자의 간청에 따라 이미 환자 백여 명을 안락사 시키고, 이제 안락사 시키는 장면을 공개했다는 내용이었다.

합법적으로 사형을 당할 만큼 큰 죄를 저지른 자, 나라를 지키기 위하여 전쟁터에서는 사람을 죽여도 되지만 사는 것이 죽는 것보다 못한 환자의 고통을 덜어주기 위하여 사람을 죽이고는 합법화를 구하고자 하여 일부러 저지른 살인 보도를 접하면서 수필의 소재에 대하여 나름대로 타당성을 추구해 본다.

고통뿐인 삶도 의미가 있을까? 절망뿐인 희망도 희망의 가치를 지니고 있을까?

눈비에 젖고 바람에 시달리는 고통이 있기에 식물은 줄기를 세우고 꽃을 피운다고 한다. 불에 달구어진 쇠가 강철이 되듯 말이지.

증오가 용서를 값지게 하듯 혐오감도 감정이므로 글로써 다스리고자 하여 나는 지금 묘한 감정을 감추고 있다.

아무튼 개들은 아직도 교미를 한다. 오늘 하루 결근을 하는 한이 있더라고 이 상황의 끝을 보고야 말겠다는 나의 적나라한 응원을 받으며 개들은 혀를 내민 채 서로 맞당기고 있다. 개가 개새끼를 낳고, 개새끼가 개가 되는 질곡의 세월이 저기에 있구나. 그렇게 하고자 하여 저지르는 육체의 고통이 저렇게 눈부시구나.

나는 이제야 부랴부랴 아침밥을 먹고 있다. 아침부터 국밥을 먹고 있다. 제주도 남자들은 국에 밥을 말아먹는 것을 원칙적으로 싫어한다. 그 이유도 설명해야 하건만 이 상황에선 그럴 틈이 없다고 본다. 나는 이틀에 한 번 머리 감고 면도를 한다. 오늘이 그날인데 내일 하기로 마음먹었다.

개들이 은밀하게 결합하는 시작 장면을 놓친 아쉬움을 끝나는 장면이라도 반드시 목격함으로써 보상받겠다는 음흉한 야심이 파도처럼 밀려와서 부서진다.

아직도 개들은 결합된 상태로 시간을 질질 끌고 있다. 나는 시간을 끌 여유가 없다. 출근을 해야 한다. 오늘 이 시각, 저곳에 두 마리의 개가 결합되어 있는 상태로 출근해야 한다. 못다 한 말은 내일 다시 하련다. 내일 새벽에 다시 그곳을 눈여겨보리라. 알람시계를 일출

시각에 맞추고 얕은 잠을 자리라. 불순한 사상이 건강을 해치겠지만 쾌락은 상승하리라.

결합에는 반드시 분리가 있다. 이것이 자연의 법칙이다. 내일은 다시 오고 상황은 계속되므로 개 같은 날들이여! 내일 다시 만나자.

개와 개의 향연 ⑵

그러니까 어제, 개의 교미에 관하여 더 써야 할 내용이 넘쳐나고 있기에 글을 마무리하려고 새벽에 일어났다.

그 개가 사는 앞집 옥상을 엿보기 위하여 창문을 가만히 열었다. 창밖은 아직도 어둠이 흐르고 있어서 사물의 분간이 어렵지만 희끄무레한 새벽 기운으로 오늘도 날씨는 쾌청인 듯하다. 하루에 한 번 새벽은 오니까 차분하게 기다려야지.

어릴 적 동네 개구쟁이들과 여름날 바닷가에서 놀다 보면 신나는 일이 생길 때도 있었다. 남녀 한 쌍이 바닷가 바위에 나란히 앉아서 밀어를 속삭이면서 서로의 손을 만지작거리기 시작하면 우리들은 낮은 자세로 살금살금 바위 뒤로 다가가서는 호흡의 절반은 죽이고, 그 다음 동작을 목마르게 기다리고, 또 그 쪽에서 발생하는 소리 한 올도 놓치지 않으려고 귀 나팔을 만들고는 조금 전보다는 훨씬 가깝게 붙어 있는 남녀의 움직임에도 눈길을 고정시켰던 얼굴 발그레한 추억이 떠오른다. 그때의 기분은 어딘가 간지러운 호기심 천국이었지만 지금은 분명히 발끝까지 짜릿한 관음증의 몰입 준비 과정이다.

참으로 세상 사는 일은 앞일을 모르는 거다. 저 개가 나로 하여금 수필을 쓰게 할 줄이야. 이건 말도 안 되는 일이다. 지난 초여름부터 밤마다 앞집에서 개 짖는 소리가 들리기 시작했다. 갓 변성기가 지난 개 소리라서 듣기에 얼마나 짜증이 나는지 어떤 날은 불면증에 시달릴 정도로 심했던 기억이 새삼스럽다. 인디언이 쏜 화살을 앞다리에 맞고는 식구들을 불러내는 늑대처럼 밤마다 흐느끼는 비명 비슷한 소리를 들어야 했으니, 그렇지 않아도 감성이 풍부한 내가 오죽이나 불면의 밤이 길었으랴!

정말로 무식한 동네에 사는구나! 이를 갈면서 침대 발목을 부여잡고 한탄했었지. 세상에, 개를 옥상에서 키우는 법이 어디 있냐. 집안이 폭삭 망한다는데… 그때의 그 개가 저 개인데 저 개를 내가 날이 새길 목마르게 기다려 귀와 볼이 알싸한 초겨울 새벽 창가에 얼쩡거리고 있으니 나도 한심하구나.

개의 교미가 왜 이토록 나의 구미를 당기는가? 갈기를 휘날리며 날뛰는 말의 교미가 훨씬 야성미가 철철 넘칠 터인데 개의 교미가 은밀하면서도 확실하게 낯 뜨거워지는 감정은 인간과 가장 친한 동물이기 때문일까?

드디어 앞이 보인다. 앞집 옥상이 보인다. 그 개가 보인다. 그런데 개 형상으로 만들어 놓은 조각처럼 네 발을 딛고 오래도록 서 있다. 아마도 무슨 기 수련을 하는 자세인 듯하다.

자세히 보니까 개 줄이 길게 놓여 있다. 어제도 개 줄에 묶인 채로 교미를 했던 모양이다. 아무튼 또 한 마리 개가 와 주어야 할 텐데… 오긴 올까? 언제 올까? 기다리자. 되도록 많이 기다리자. 기다려서 이루어지는 것들이 얼마나 많은 세상이냐, 낚시, 적금, 사랑, 소멸 그리고 흐르는 세월도 기다림 속에 만나지는 것 아니더냐.

드디어 왔다. 또 한 마리 개가 일층 계단을 밟고 거뜬히 올라왔다. 어느 것이 암놈이고 수놈인지 알 수 없으니 참으로 답답하다.

이 대목에서는 되도록 냉정해야 한다. 주변 상황도 잘 살피고 경우에 따라서는 정당한 사유로 변명할 알리바이도 만들어 놓고 있어야 한다. 인격이 의심받지 않도록 말이지.

킁킁 코를 갖다 댄다. 사실 킁킁이라는 소리는 없다. 여기서는 자세히 보이지 않기 때문에 '코를 벌름거리면서 다가서고 있다.' 라고 표현함도 어색하다. 아무튼 냄새를 맡고 있음이 분명하다.

코에 익은 냄새가 이 냄새가 맞는지 서로 확인하는 동작들이 내 코를 벌름거리게 한다. 서로의 움직임이 은밀하고 간결하다. 나란히 서서 한곳을 바라보다가 한 놈이 꼬리 뒤로 가서 고개를 갸우뚱거리는데도 한 놈은 빈 밥그릇을 혀로 핥는지 밥그릇이 뒤뚱거리는 것이 보인다. 착시 현상인가?

서서히 분위기를 연출하면서 몇 분 동안 가볍게 준비 운동을 하더니 드디어 끈에 목이 묶여 있는 놈이 척하니 앞발을 앞에서 멀쩡하게 알짱거리는 개의 등허리에다가 올려놓고 말았다. 너무나도 당연하고 당당하고 화끈하다.

이 상황을 어떻게 처리해야 하나? 독자들도 관심이 집중되는 대목인데 어느 정도 품위를 유지해야 좋을지 갈등이 생긴다.

이 갈등은 매끄럽게 해소하기 위하여 무슨 말을 덧붙여야 될까. 누구라도 길을 걷다가 전혀 뜻밖의 일로 돈을 줍거나, 발목이 삐거나, 혹은 교통사고가 발생한 현장에 있을 수도 있고, 만원 버스에서 소매치기하는 장면을 목격한 경험도 있을 것이다. 이런 일들을 아무에게도 말하지 않고 그냥 지나치기란 결코 쉽지 않을 것이다.

신들린 무당이 몸을 떨면서 굿을 하듯, 감동의 후유증을 치료하기 위하여 글로 마음을 다스리지 못하면 자살 충동에 빠져버리는 문인의 성격상 더욱 그러할진대 이런 상황도 솔직히 공개하는 것이 더 인간적이 아닐까?

아무튼 나는 오늘 새벽에 일어난 보람으로 결합하는 장면을 확인하고 말았다. 오른쪽 주먹을 불끈 쥐고 응원의 신호를 음흉한 미소에 띄워 보냈다.

그 사이 날아가던 참새 떼가 잠시 머물면서 무엇인가 쪼아 먹고 다시 날아간다.

나는 제1편 때의 감정 비슷한 상태로 조심스럽게 주변을 훑어보았다. 나 말고 다른 사람도 이 적나라한 광경을 목격하고 있는지를, 있다면 더불어 현장에 함께 있으므로 공감대를 형성해야 한다고, 만약에 변명할 경우가 생기면 군중심리를 이용하여 다른 사람들도 즐겨보더라고 우길 수 있으니까. 내심으로는 혼자만 보고 싶은 장면이긴 하지만 경우에 따라서는 공유할 줄도 알아야 만약의 사태에서 도움의 손길을 받을 수가 있다.

뜰 앞의 감나무 잎이 붉게 물들어 있다. 그것은 단풍이다. 아직 나뭇가지에 붙어 있으므로 낙엽은 아니다. 그렇지만 벌레가 갉아먹지 않고 며칠 견디다가 떨어지면 그냥 낙엽이 되리라. 낙엽을 '봄의 씨앗을 덮는 이불' 이라고 말하면 훨씬 멋이야 있겠지만 '인생은 길 잃은 낙엽' 이라고 하면 입맛이 쓰겠지.

수필이라고 하는 문체가 붓 가는 대로, 마음 가는 대로라지만 내가 예상한 방향과는 다르게 쓰여지고 있음을 고백한다.

개들의 교미에 관한 광경을 통하여 짜릿한 표현을 억제하면서, 혹은 마음을 덧칠하면서 은밀하게 본 것을 그럴싸하게 전하여 실제 상황보다 더 실감나도록 중요한 동작만 자세하게 옮겨다 놓으면 될 것을 애써 횡설수설함을 저 개들은 이해할 수 없으리라.

내가 마른침을 삼키며 글감을 더듬는 동안 개들은 아주 자연스럽게 결합이 분리되었다. 출근해야 할 시간이 임박했으므로 못다 한 말은 다음에 하리라.

개와 개의 향연 (3)

이 글은 개와 개의 향연 1편과 2편에서 다 못한 말을 다 해야만 다른 글을 쓸 수 있을 것 같아서 그 후의 상황을 독자들에게 소개하는 에필로그다.

성이 다른 개와 개가 특정한 장소에서 똑같이 젊은 혈기를 함께 나눈 절실한 본능으로 생의 기쁨을 누리는 행위를 엿본 나도 한 폭의 숨은 그림이라고 말하고 싶다.

너무나 떳떳하고도 은밀한 개들만의 만남.

그 개들은 내가 며칠 동안 출장간 사이에도 변함없이 만나서 청춘 영화 주인공처럼 멋진 연기를 계속했던 모양이다. 귀가한 날 다음 새벽에 부랴부랴 일어나 그 옥상을 바라보았더니 아니 벌써 그렇게 하고 있는 중이었다.

좋은 건 좋지만 과하면 모자란 것만 못하느니, 진이 빠져서 제 수

명대로 못 살면 큰일이라고 괜히 신경 쓰여서 개 주인에게 마음속 깊이 항의문을 작성하기로 하였다.

말 못하는 그것들, 개 코가 첨단 장비 기능을 능가하므로 미세한 냄새에도 침을 흘리는 원초적인 그것들을 그냥 방치한다는 것은 직무 태만이다. 어느 정도 할 만큼 하게 했으면 억지로라도 갈라놓아야 튼실한 2세를 얻을 것 아니냐고.

개는 인간에 의하여 길러지기 때문에 인간의 심중을 가장 잘 헤아리는 동물이 아니더냐. 숨어 사는 쥐도 사람들의 말을 14마디 정도는 알아듣고 집주인의 쥐약 놓겠다는 말을 엿듣고는 며칠간은 어디론가 어린 새끼들을 데리고 피신한다고 하는데 그토록 정든 개를 계속 이대로 놔두어서 되겠냐고.

개가 얼마나 인간과 가깝게 살아가고 있는지 우리 모두 잘 알고 있지 않은가.

맹인을 인도하는 개, 술 취한 주인이 추운 밤거리에 쓰러져 잠에 빠졌을 때 얼어 죽을까 염려되어 자신의 몸뚱이를 이불삼도록 끌어안는 형상으로 밤을 지새우면서도 오직 주인을 살려내겠다는 일념이나, 집에 찾아오는 사람을 나름대로 분별하여 야성의 모습으로 으르렁거리면서 집을 지키는 충복, 가난한 양치기 소년과 벗하여 수십 마리 양 떼를 몰고 다니는 대견스러움이라든지, 철부지 아가씨들의 애완용이 되어서 아가씨가 목욕할 때마다 샴푸로 목욕해야 하는 개 팔자도 감수하고 있거니와, 무더운 여름철에 쫄깃한 개고기를 몸이 허한 한량님들 몸보신용으로 형장에서 차디찬 이슬로 사라진 사형수처럼 불쌍한 개도 많이 있음을. 개가 아무리 사람이 키우는 짐승이라 한들 제대로 돌보지 않거나, 잡아 잡수거나, 엉뚱한 곳에 사용하여 개를 학대해서는 안 된다.

개 주인에게 쾌락의 늪에 빠져서 허우적거리는 개들을 방치하는 것은 직무 유기라고 강력히 반발하는 나의 침묵의 항의가 전달되었는지 어느 날 새벽엔 끈에 묶여 있어야 할 그 개가 보이지 않았다.

처음엔 개 주인이 개와 함께 산책하려고 데리고 간 줄 알았다. 그날은 짜릿한 구경을 못해서 아쉽기도 했지만 한편으로는 마음으로부터 불길처럼 번지는 죄의식이 사라져서 오래간만에 평화로운 아침을 맞이하였다.

그러나 이튿날 새벽에도 그 개가 보이지 않자 나는 당황하기 시작했다. 팔아먹었거나 잡아먹었다면 개 주인은 강아지보다도 못한 놈이라고, 은근히 심사가 뒤틀리면서도 그 옥상을 엿보고 있었다. 그날은 내가 비번이라서 시간적 여유가 많았다. 아침 늦게 암놈이 그곳으로 찾아왔다. 그 개가 없으니까 코가 바닥에 닿을 듯이 고개 숙이고 옥상을 한 바퀴 돌고는 허전하게 내려가 버렸다. 다시 그 개를 그 자리에 데려다 묶어 놓지 않으면 가만 놔두지 않겠다고 아파트 유리창 너머로 성난 얼굴을 하고 한참 동안 째려보았다.

나는 이 상황에서 왜 성난 얼굴을 하고 있다고 말해야 하는지 곰곰이 생각해 보았다. 수필의 소재로 무엇인가 더 있을 것 같았는데 전개되는 상황이 기대와는 사뭇 달라지고 있어서 내 스스로 당황하고 있음을 감지했다.

평소에 나는 '사람도 동물이다.' 라고 곧잘 말하는 사람이다. 사람도 동물이기 때문에 먹어야 하고 배설해야 생존하는 부담 때문에 인간이 인간에게 학대받는 상황도 너무나 많고, 굶주리지 않기 위하여 자신의 의지와는 다르게 비굴한 나날을 보내는 불행한 사람들이 얼마나 많은지 나를 포함하여 모두들 안쓰럽다.

수필은, 살면서 깨달은 바를 진솔하게 표현하는 글이라고 한다. 진솔하게 표현한다고 하여 품위를 잃거나 격조를 잊어서는 안 되기에 토해내고 싶은 말이 있다고 하여 지나치게 흥분해서도 안 되고, 차마 묵시록으로 처리해야 할 사연을 끈질기게 파고들어서도 안 되는 어려움 때문에 작가 자신도 필화를 입지 않도록 염려하고, 독자들에게도 나름대로 글을 음미하면서 읽기 바라면서 글의 숨통인 '주제' 에서 벗어나지 않는다는 조건으로 수필의 형식을 '마음의 산책' 이라고 정의했을 가능성이 짙다.

며칠간 적나라한 개들의 교미를 엿본 나는 독자들에게 실제 상황보다도 더 실감나게 전달할 수 있는 능력이 잠재되어 있는 사람이라는 자부심도 갖고 있다.

공개 석상에서 대변을 보아서는 안 되듯이 이 글을 쓰면서 나는 원초적인 마음도 삭이는 기술을 습득한 것이 가장 큰 소득이라고 말하고 싶다.

그 후로 얼마 동안, 찌푸린 날씨에 기온이 뚝 떨어져서 간간이 눈발이 흩날리는 추운 새벽마다 그 개가 없는 옥상을 바라보고는 뼈끝이 쓰리는 통증을 느꼈다.

특정한 개와 개가 만나서 기를 뿜어내는 '기쁨'이 넘쳤던 현장이 개가 없음으로 해서 이토록 그 옥상이 적막강산이 될 줄 몰랐다. 그러나 요즈음은 그 개가 그 옥상에 다시 돌아와 있어서 개도 나도 잘 살고 있다.

나는 틈틈이 생각날 때마다 호기심이 발동하여 며칠 동안 새벽 차가운 유리창에 뺨을 붙이고 그 옥상을 기웃거렸지만 짜릿한 풍경을 함께 연출했던 여주인공은 몸에 이상이 생겼는지 다시 나타나지 않았다.

이 수필을 쓰는 동안 너무도 당당하고 또한 당연한 그 개의 모습에서 나는 심리적으로 풍성한 수확이 많았음에 고마운 마음을 전하고 싶다.

그 개가 청년으로 성장하면서 무더운 여름철 밤마다 짖어대는 바람에 불면에 시달렸던 고통의 밤과, 풍성한 가을 내내 체력이 당당한 어른 개로 성장하고는 초겨울 새벽에 제 짝을 만나서 드넓은 옥상에서 원초적 본능을 구사하는 광경을 목격하고는 사뭇 낯간지러워 하면서도, 횟수가 지나치다 싶으니까 괜히 개 주인이 몰상식하게 보여서 분노도 했었고, 비록 개가 사는 옥상이긴 해도 개가 없으면 공간이 썰렁하여 허무해진다는 것을 알았고, 이제 평범한 일상으로 돌아온 개가 예전처럼 씩씩하게 겨울나기를 하고 있으면 머지않아 따뜻한 봄날에 이 개의 사랑스런 암놈이 귀여운 개새끼들을 낳아서, 이 수필을 증명할 것이므로 차후 궁금한 사실은 그 '견창갈비집'에 가서 갈비 안주로 술 한잔하면서 식당 주인이자 개 주인에게 넌지시 물어 보기로 하고 여기서 말을 마치려 한다.

요즈음도 가끔 바깥 날씨가 궁금하여 내다보다가 그 개를 바라보게 되면 나는 '조건반사'를 습득한 결과로 자연스럽게 흐뭇한 감정이 넘치고 있음을 고백한다.

누워서 추는 춤

아내가 새 차를 뽑아 주었다. 고맙다. 그 보답을 해야 한다. 대뜸 고맙다는 말이 나온 것은 내가 돈을 벌어다 준 것이 조금뿐이고, 그 보답을 제대로 하려는 것은 '무차 집행유예'를 해제시켜준다는 해방감에서 절로 터진 탄성이다.

이렇게 좋은 날, 그동안 자가용을 탈 수 없었던 곡절까지 떠벌릴 분위기는 아니다. 아내가 모처럼 남성이기를 원한다는 뜻으로 초저녁부터 샤워를 한다. 진심으로 뉘우쳐서 구한 고마움은 눈부신 진실이기에 나는 능히 남성임을 발휘하여야 한다.

아내와 나의 육체관계를 위한 애틋함이 참으로 얼마 만이란 말인가. 중병으로 두 번 수술하고서 거의 갖지 못한 쾌락 말이다. 전지전능하다는 신도 맛보려면 인간의 육체를 빌어야만 이루어지는 현상이기에 신이 주신 축복인 성적 욕망 말이다.

한때 우리는 지남철이었다. 서로 끌어당기는 지남철로 시도 때도 없었으니 더 말할 나위가 없다고 본다. 그렇게 오래 살다가는 빨리 죽을 것 같기에 있었던 사실로 서로 자제했었고 자위해 왔다. 때로는 시쳇말로 식구끼리는 이러는 거 아니라면서. 물론 나의 스캔들 때문에 서로 권태를 묵인하지 않으면 안 되는 요인도 크게 작용했었다는 사실도 이쯤에서 고백하지 않을 수 없다. 아무튼 오늘밤은 녹슨 지남철이라도 되어야 한다.

샤워를 마치고 거울 앞에서 머릿결을 쓰다듬는 아내와 눈이 마주쳤다. 약간 놀랬다. 아내의 미소가 모처럼 야릇하다. 남자가 웃었다면 음흉한 웃음일 것을. 각오는 되어 있으니까 결행할 결심을 해야 한다. 부부란 호적상으로는 서로의 소유물로 지정된 것이다. 둘이서 마음놓고 하루에도 몇 번씩 발가벗을 수도 있건만 특별히 자기 아내나 남편에 대하여 성적인 충동을 못 느끼는 이유가 있다. 과다한 성교는 건강을 해치고 지독한 성욕은 수명을 단축하기 때문이다.

성교에 대해서만 돌팔이인 의사는 정액이라는 분출물은 단순한 단백질로서 보신탕 몇 그릇에서 짜낸 엑기스에 불과하고 적당히 배설해야만 오히려 건강에도 좋다고 전문가처럼 말하지만 어디 그러하냔 말이다. 정력이 대단한 놈은 여자를 짓이기면서도 신문을 읽는다고 하는데 그것은 한창 나이 때나 가능할 법, 여자 깊은 살의 회오리에 휩싸이면 손가락 끝에서 발끝까지 혼신의 힘을 다하여 끙끙대노라면 뒷골마저 몽롱해진다. 땀도 흐른다. 체력이야 그것도 운동이니까 괜찮다고 치자. 천장이 빙빙 돌면서 빠져나간 기력은 어떻게 회복할 것인가 말이다. 그 회복의 일환으로 부부는 서로 매혹되지 않기가 성립되고 마는 것이다.

그렇지만 오늘 같은 날은 특별한 날이다. 특별한 밤이 예약되어 있으니까. 나도 특별해야 하니까 샤워를 하기 시작했다. 따뜻한 물을 정수리에 쏟아부으면서 혼자 중얼거린다. 저 여자는 처음 만난 여자라고, 오늘 저지르지 않으면 다시는 이런 절호의 기회가 오지 않는다고. 그러나 별 볼일이 많았던 내 물건이 과연 훈련시킨 개처럼 제몫을 해 줄지 은근히 불안하다. 신문에 나온 강간범의 정신은 밉고, 넘치는 정력은 은근히 부럽다. 해 달라고 보채도 못하면 야릇한 밤이 얄궂은 밤이 될 것은 뻔한 일. 황금 화살 맞고 죽어가던 인어가 아름다운 여인으로 변하여 달콤한 숨소리를 자제하려고 거친 손톱으로 등을 긁는 전희로 한껏 분위기를 달구어도 틈입을 못하여 무작위로 배를 꼬집히면 푹신한 침대마저 참담할 것이다.

정말이지 필사적으로 안 하겠다는 그것을 반 죽여 놓은 놈과 달리, 죽여 달라고 온갖 교태를 부려도 될똥말똥한 나를 어느 세월이 이 지경으로 만들었단 말인가. 그래도 잘해야만 한다. 집에서는 못해도 밖에서는 잘만 한다는 오해도 해명해야 하기 때문에.

아직도 자신감이 부족하다. 저 여자는 내 아내가 아니라고 반복해서 마음속으로 절박하게 외쳐본다. 그래도 불순한 사상이 모자란 것 같다. 비법을 총동원해야 한다. '일도, 이비, 삼랑, 사과…,구첩, 십

처' 까지 반복해서 외워본다. 아아, 안타깝게도 오에서부터 팔까지는 다른 일에 신경 쓰느라고 잊어버렸다. 그럴수록 소리죽여 외쳐본다. 여자는 익은 음식이야, 맛있게 먹어야 해. 내가 훔쳐 먹는 사과니까 게걸스럽게 먹어야만 해….

침실에서 차 운전을 못하면 미움만 받아 꼴불견이 참담할 것이다. 어느 터널이고 전조등 밝히면 마음껏 쌩쌩 달려야 하는데, 차 키를 어쩔 수 없이 반납하고 다시 버스를 타고 다니면서도 행선지를 수시로 보고해야 한다는 것은 가중처벌이 된 집행유예나 다름없다.

이밤, 기사도를 발휘하지 못하면 "고 기사, 그만 운전해."라는 코맹맹이 소리 대신 오늘밤부터 더 무시당할 것은 당연한 이치. 그나마 비장의 성감대가 있어 두렵지만은 않다. 내일부터는 눈앞에선 충견처럼 시키는 대로 잘 따르련다. 하지만 아직 단순한 가내 운전기사는 싫다.

2장

호시탐탐

황홀경

특정인에 대한 발기부전

어느 홈페이지에 '아내와는 잠자리를 날릴 수 없어도 다른 여인과는 잠자리를 날릴 수 있는 중년 남성들의 모임' 이라는 사이트가 있었다. 절대비밀 보장이니 최대 만족이니 신용만점이니 하는 아리송한 선전문구가 눈길을 붙든다.

사이트 주방장이 누구인지 몰라도 남자 나이 지천명이 넘으면 비공개적으로 그런 사나이들이 지천으로 깔려 있음을 알아차린 기특한 생각에 절로 웃음이 나왔다.

누구의 아내도 젊었을 적 무척 아름다웠다. 보면 볼수록 목이 말랐다. 그래서 하루에도 몇 번씩 키스로 입술을 적셔도 갈증이 가시지 않아 천연동굴의 물을 퍼 마셨다. 영혼까지도 꿀에 젖은 듯 그 황홀감에 다른 여자들은 여자로 보이지 않았던 시절이 있었다. 퇴근길이 성급하였다. 집에 없으면 불안해서 동네방네 부르러 다녔다. 남이 훔쳐 갈까봐 안절부절 못하는 아이처럼. 아내도 싫진 않았는지 미안해 하면서 대견해 하면서 방긋 웃으며 나타났다. 그랬었는데 언제부터인가 아내가 집에 없어도 아무렇지 않더니 친정에 볼일이 있어 이삼일 자고라도 오게 되면 넘치는 해방감에 방안의 공기마저 청량음료로 변하기 시작했다. 어느 봄날 이웃집 뜰에 핀 목련이 눈부시게 아름답다고 느꼈던 때문인가?

일만 육천 신들이 살고 있는 제주도에서 직접 신을 만날 수 있는 방선문 계곡 근처에 놀러 갔다가 저지른 잘못 때문인가? 무슨 잘못이냐고? 남이 들려준 우스개지만 전파하련다.

부부 친목계 모임으로 숲이 암벽 사이로 우거진 계곡에 놀러 와서 고기도 굽고 술을 곁들여 점심을 잘 먹고는 그놈의 술 때문인가 남자들의 그것이 누구의 것이 가장 센가를 측정하는 놀이를 했다는 거다. 남자들이 나란히 서서 물을 넣은 주전자 손잡이를 거기에 걸어놓고 누가 오래 버틸 수 있나 시합하는데 자기 남편 것이 제일 약하여 아슬아슬 꼴지 할 것 같은 안타까움이 이성을 순간적으로 마비시켜서 그의 아내가 팬티를 홀라당 벗고는 "여보, 이거보고 파이팅!" 하는 바람에 남편 것은 그만 졸도해 버리고 다른 남편 것들은 상대적으로 거북이가 봐 서는 안 될 것을 본 것처럼 고개를 힘차게 쑤욱 내밀었다는 일화가 있다는 거다.

언제부터인가 아내의 미모가 서서히 사라지기 시작했다. 미모가 사라진 자리에 위엄이 도사리기 시작했다. 젊었을 적 몸매가 바이올린 같아서 안으면 풍만한 곳은 풍만한 대로 연약한 곳은 연약한 대로 다 예술이었는데 지금은 추억만 아름다운 호박이다. 호박이 목욕하는 날은 회사 일을 마무리 못하여 집에서 철야근무를 해야 한다고 생각하면 된다.

아아! 보약이라도 직접 달이는 날이면 나는 실험용 흰쥐처럼 안절부절못한다. 보약 싫어하는 사람은 당신밖에 없다고 욕을 들어가면서 억지로라도 먹어야 한다. 호시탐탐 잡아먹히리라는 수순을 뻔히 알면서도. 초로의 남자로는 돈도 잘 벌고 정력도 잘 유지하기가 상당히 어렵다. 돈 벌기가 그리 쉬운가? 자신의 손으로 부를 일구기 위해서는 정력보다도 더한 것이 희생당하기도 하는 것이다. 부자도 이혼하는 것을 보면 돈도 인생의 전부가 아닌가 보다.

그래도 여기까지는 빈곤 속에 호시절이다. 남편의 불성실한 태도에 아내의 잔소리가 심해지면서 사태는 심각해진다. 술을 작작 마셔라. 운동을 게을리말라. '올레만 버물릴커랑 숙때기지 말라.' 라는 잔소리가 누적되기 시작하면 자신감을 잃어가면서 성욕이 약해진다.

남자가 가장 성욕이 약할 때는 공포를 느낄 때다. 그래서 특정인에 대한 발기부전 현상이 발생하고야 마는 거다. 좋은 여자란 남자가 성욕을 방해하는 무서움이나 두려움을 자신감으로 변화시킬 수 있는 기지가 있음이다.

원시 시대에는 여자도 사향노루 암컷처럼 배란기가 되면 숲 속에 피어 있는 꽃과 더불어 암내를 멀리까지 보내서 남자들을 유혹했다고 한다. 현대는 지하철에서도 옷깃을 스쳐야 하므로 현명하게 퇴화했다. 상상이 가는가?

남편과 오래 살고자 하는 아내는 서로의 생명의 보금자리가 되어야 하기 때문에 남편의 눈에 섹시함이 이웃집 목련화보다 덜 해야 한다. 그러므로 남편은 이웃집 목련화는 도덕으로 무장해서 외면해야 하고 아내의 섹시함은 아직 추억 속에 묻혀선 안 된다고 타이밍을 잘 맞춰서 솜씨를 보여줘야 한다. 그 기술이 없다면 수단방법을 가리지 말고 돈을 많이 벌어다 주든지.

끝까지 오리발

남녀가 모텔에 들어갔다고 해서 다들 하는 것은 아니다. 안 할 때도 있다. 그날의 컨디션에 따라, 생리일에 따라, 우여곡절로 못할 때가 있으니까. 이것은 천재지변이 언제 올지 모르는 상황과도 비슷하다. 하지 않을 거면 뭣 하러 비싼 돈 주고 모텔에 갔느냐, 찜질방에 가지.

방 앞에 신발을 나란히 벗어놓는데 신발들은 여기까지 오느라고 저마다 조용히 쉬고 싶어진다. 북극에서 썰매를 끄는 개와 같다. 할 일을 다하면 쉬게 되는 거니까. 신발들은 죄가 없음에도 연놈의 신발을 보면 생각이 묘해진다. 현장감이 넘치는 증거물 같기도 하고 잘 그린 초현실화 같기도 하다. 누가 보느냐에 따라 신발이 풍기는 의미는 사뭇 다르다. 나는 시인이니까, 너는 평생 가도 여자 신발, 나는 평생 가도 남자 신발이고 오른발 신발은 오른발 신발, 왼발 신발은 왼발 신발이므로 관념을 넘나들지 못하는 신발은 사뭇 솔직하다고 읊조려보기도 한다.

그런데 바람난 남편을 가진 여자는 모텔 방 앞에 가지런히 놓인 남녀 신발을 보면 눈이 뒤집힐 만큼 환장하게 된다. 상상만으로도 방안 상황이 긴박하게 그려지기 때문이다. 그래서 남자들의 무용담에는 '끝까지 오리발' 이라는 명언이 있다.

남편의 궤도 이탈을 심상치 않게 눈여겨본 아내는 어느 선까지는 사건을 확대시키지 않으려고 침묵으로 지켜본다. 눈치를 줘도 감을 못 잡으면 묵시록을 던진다. 그래도 변함이 없으면 달리는 기차더러 급정거를 하라고 어록을 전한다. 그쯤해서 멈추라고, 아니, 돌아오라고. 살다 보면 어쩌다가 한번 맛을 보면 그맛에 빠져서 헤어나오지 못할 때도 있다며. 하지만 바나나를 한입 부드럽게 잘라먹고 그냥 남기는 사람은 극소수다. 홈리스가 극소수인 것처럼. 술도 몇 잔 마셔야 취하는 거다. 취하라고 생겨난 술이니까 마실수록 주량이 는다. 바람도 불어닥칠수록 커진다.

심시숙고 끝에 사립탐정에게 신상과 인상착의를 알려주고 사건의 증거를 의뢰한다. 동영상 카메라까지 투입되었음은 물론이다.

드디어 남녀가 들어간 모텔 건너편. 일단 그런 남자의 아내는 아득해지는 정신을 가다듬고 이를 심하게 간다. 물론 악질적인 요소가 다분한 친구들을 대동했음은 물론이다. 여자 팔씨름대회에서 준우승까지 한, 손톱도 긴, 사립탐정도 남자인지라 전희를 안다. 전희란

논문에서 서론에 해당하는 부분으로 본론을 위한 중요한 부분이므로 생략해서는 삽입이 잘 안 되게 되어 있다. 그래서 잠시 기다렸다가 덮치자고 제안한다. 여자들도 수긍하고 잠시 심호흡을 가다듬으면서 돌격개시의 신호를 기다린다. 그런데 뜻밖에도 오 분도 안 되어 그 남자의 여자가 냅다 달려가고 만다. 최소한 십 분 정도는 기다려줘야 하는데.

이런 급박한 상황일수록 냉정할 필요가 있다. 호랑이 굴에 들어가면 정신을 차려도 호랑이에게 잡혀 먹히니까 말이다. 주인 여는 더 기다렸다가 얼른 삽입해버리면 큰일 아니냐는 거다. 하지 못하게 막자고 이 짓을 하는 거지, 하게 해서 죄인으로 취급한들, 일단은 내 물건인데 내 물건이 더러워지면 나만 손해 아니냐는 심각한 판단착오로 모텔 방문을 비상키로 활짝 열어제꼈다. 방안은 가관이다. 연놈이 누워서 붙어 있다. 붙어서 누워 있을 수도 있다.

와다닥, 남자는 이불을 펼치며 침대 아래로 뛰어내리고 팬티를 꿰고, 여자는 이불을 뒤집어쓰면서 치마를 찾아 입는다. 원만한 정황을 확보하기 위하여 시립탐정이 여자를 보호하면서 불여우들을 제지한다.

주인 여가 남자의 팬티를 쥐어틀고 심문을 시작한다. 삽입했느냐고?! 이때 순발력이 뛰어난 남자는 재기발랄한 재치가 요구되는 시점임을 얼른 간파한다. 눈을 크게 뜨고는 호소력 있는 목소리로 '막, 그렇게 하려는 순간에 벼락 치는 소리에 놀라서 그만.'

주인 여는 후렴구를 반복하듯, 그만!? 어떻게 그만?! 남자는 다시금 떨리는 목소리로 말을 한다. '삽입은 못했다.' 라고. 오오! 불행 중 다행이네. 설령 삽입을 했다손치더라도 주인 여의 친구들 앞에서 마지막 자존심은 세워준 셈이 된 거다. 거기다가 여자가 사업 자본을 대어주겠다고 꼬드기니까 잠시 따라왔다가 큰일 낼 뻔했다고 뻔뻔하게 달변을 구사할수록 말로는 죽일 놈아, 살릴 놈아, 집에 가서 보자고 악다구니를 하면서도 내 남자가 그만큼 잘생겼으니 이럴 수도 있다며 자위하고는 작전부대와 그 년을 돌려보내고 오만상을 쓰면서도 남편보다 앞장서서 다른 모텔로 들어갔다.

여기서 남녀의 신발이 가지런히 놓인 그림을 다시 볼 수 있게 된다. 예민하게 엿들으면 누구는 바나나 먹을 줄 몰라서, 바람을 피울 줄 몰라서 이러는 줄 아느냐며 울다가 흐느끼다가 달콤한 비명소리가 새어나올 것만 같다.

남자가 안도하고 힘을 쓸 수 있도록 북돋아준 내용은 무심결에 들었지만 '집에 가서 보자.' 는 마누라의 깊은 정에 감사의 표시를 하고 있음이다.

꿈꾸는 시인의 사랑

나는 초저녁에 잠자고 밤중에 일어났다. 책상 등을 켜고 컴퓨터를 연다. 방안 공기가 은은하다. 숨을 들이마신다. 입술을 혀로 적셔본다. 살고 있음이 평화롭다.

그녀를 위하여 시를 남기고 싶다는 생각이 나니까 사랑스런 그녀가 더 사랑스럽다. 그녀와의 만남이 꿈결 같다. 너무 좋아서 꿈인 것이다. 위대한 시인이 이토록 단순한 표현으로 마냥 좋다고만 해서야 쓰겠는가. 하지만 꿈만 같은 걸 어찌하랴.

전에 그랬듯이 가볍게 그녀의 몸을 만져본다. 내가 아프거나 안 아프거나 오직 나를 사랑하는 그녀. 나 또한 그녀의 몸이 오직 탐스러울 뿐이라서 발가벗은 장군이 된 것이 꿈만 같다는 거다. 이 세상이 준 그녀는 더할 수 없는 나의 축복이란 말인가?

촉촉한 그녀의 눈을 들여다본다. 그녀는 속삭인다. 엉큼한 눈길이라고. 온갖 고난에도 지지 않고 스스로를 지켜낸 저 눈빛, 그리고 해맑은 웃음, 착한 마음을 숨기기 위하여 스스로 저속한 말로 감추려는 눈치도 얼마나 사랑스러운지.

내가 보는 앞에서 요염하게 화장을 한다. 립스틱도 분위기에 맞추어 바른다. 숱이 많은 반 곱슬머리도 웨이브 따라 멋지게 빗는다. 그리고 의상에 맞는 머플러를 두르고 생끗 웃으며 나를 바라본다. 당연히 예쁘다. 나는 와락 안아준다. 왜냐하면 영화 같은 만남이 꼭 꿈만 같으니까 정말인지 확인하려고.

자연스럽게 우리는 아침식사를 한다. 사랑하는 사람이라서 같이 밥을 먹는다는 것, 같이 잠을 자는 것, 그 마음의 깊이는 무궁무진하다 할 것이다.

이것이 꿈이 아니고 현실이기에 어쩌면 깨져버릴 것만 같은 두려움도 있는 것을. 그 두려움은 의심을 낳고 불신을 불러오리라는 불길한 마음도 없진 않으나 오직 사랑을 위하여 최선을 다하노라면 정말 꿈으로 변하여 허망하게 사라져버린다 한들 그 고독은 오히려 떳떳하리라는 자존심. 그래서 나는 그대의 사랑을 마음껏 받아들이고 또한 넘치는 행복을 드리고 싶은 것이다.

세상이 아무리 험난하다고 하여도 그걸 극복할 의지가 있고 하늘이 내린 기적이 있고, 뜻밖에도 사랑하는 사람의 선물인 축복이 있다면 늙어서 가는 길이 먼 길이라고 한들 그리 서럽지만은 않을 것이다.

너무 좋은 만남이기에 신이 질투하여 갈라놓고야 말 것 같은 두려움. 그 두려움을 이기는 힘은 그녀에게 부당한 요구를 해서는 안 된다는 것이다. 이것은 진리이다. 겸손한 마음에서 사랑의 기쁨을 깨닫게 되므로.

나는 가난하고 초라하다. 거기다가 병마에 시달리는 들개와 같은 삶을 살고 있으므로 언젠가는 슬그머니 착한 일도 해야 하는 거다. 나보다 착한 사람을 만나게 되어 은근슬쩍 나의 의중을 떠보기라도 한다면 겉으로는 지나치게 화를 내면서 미운 짓을 되도록 많이 보여드려야 할 것 같다. 하지만 그녀도 낌새를 미리 아는 미모와 지혜를 겸비한 지조 높은 여인일까.

어느 영화 장면인데, 남자 주인공이 전장에서 상처를 입었다. 병든 몸이 짐이 된다며 홀연히 떠나버릴 것만 같은 염려에 그 사랑을 위하여 수갑을 한 쪽씩 채우고는 애써 미소를 짓는 아름다운 여주인공. 감동이 넘치는 사랑, 그래서 영화나 소설은 인간의 소망을 대신한다.

성공한 남자 뒤에는 그 남자와 닮은 여인이 있다는 것이 역사적인 사실이다. 나쁜 쪽으로는 '사건 뒤에는 여자가 있다.' 라는 이야기처럼.

나이보다 젊게 보이는 아리따운 그녀의 몸매. 하지만 그녀의 매력은 마음씨에서도 넘쳐난다. 복잡한 문제가 발생하면 도피하기보다는 풀어서 해결하려는 세심한 마음씀씀이가 눈물겹기까지 하다.

그래도 납득하기엔 힘이 드는가 보다. 얼마나 답답하고 어이없으면 느닷없이 담배 피우지 말라느니 귀엽다는 둥, 허튼소리를 하는가. 참으로 미안한 마음 감출 길이 없다.

그러나 다행한 것은 나는 그 여자의 남자이므로 그 값을 한다는 거다. 부당한 줄 알면서도 애써 소망하였으니 조금 아프게는 할지언정 미움 받지는 않을 것이다.

이룰 수 없는 사랑일수록 사랑의 의미는 깊어진다. 역경을 애써 끌어안고 극복하려는 눈물겨운 노력이 미완성일수록 그만큼 고귀하다. 왜냐하면 완성은 당연한 결과에 불과하기에.

그러므로 견딜 수 없는 사랑으로 흐느껴본 사람만이 그윽한 눈매를 지닐 수 있다. 나도 음흉한 눈초리가 아닌 그런 눈매를 지니고 싶다.

세월이 흐르면 나도 영화 주인공처럼 저기 눈보라 휘날리는 설원을 홀로 걸어갈 것이다. 비록 엄동설한이라고 한들 내 뜻대로 살았으므로 내 나름의 발자국은 남겨야 하기에.

나쁜 남자 독한 여자

깊이 사귀는 여자가 바쁘다고 만나기를 거부하였다. 어쩌면 단순한 흉계인지 모르지만. 우선 난감하다. 갑자기 오른쪽 팔이 떨어져 나가는 느낌이다. 나는 왼쪽이 가는귀먹은 귀이니까 그녀를 팔베개를 해줄 때마다 오른쪽 팔이어서 그렇다. 여자가 바쁘다고 말할 때는 전화나 핸드폰으로 의사 표시함이 거의 정례화되어 있다. 마주보며 바쁘다고 하려면 눈길은 어디다 둘 것이며 남자의 표정을 읽기가 사뭇 미안할 터이므로 싫다는 기색을 단순히 싫다고만 하기엔 충격적으로 실망할까 봐 어딘가 아픈 척 얼굴에 부지런히 검은 그림자를 드리우게 된다.

맛있는 거 사 주겠다고 해도 싫다면서. 전화를 통하여 전하는 '바쁘다' 는 여자의 간절한 바람. 정말 바쁘니까 오직 바쁜 줄 알아달라는. 이 상황을 받아들이는 남자의 종류도 여러 가지인 모양이다.

말도 안 되는 말이라고 일축을 하면서 노발대발 억지를 부리는 축도 있겠는데 내 경우는 우선 생각부터 깊어진다. 가진 것이 별로 없다 보니 눈치는 빨라서 침을 꿀꺽 삼킨다. 그리고 어금니를 조심스럽게 문다. 수화기 저쪽에서는 침을 삼키는 마음다짐으로 보아 이별을 짐작하고 있구나 하고 얼른 다짐까지 받으려고 때 아닌 애교스러운 목소리까지 낸다. '그럼 나중에 봐.' 하면서. 이미 나중은 강 건너 가지만 정리할 것들이 많다는 생각이 깊다 보니 일단 바쁘다는 말에 철조망을 치고 불침번처럼 밤새워 밤하늘을 바라보게 된다.

사귄다는 말은 속삭인다는 말에서 유래한다. 아예 속을 빼고 사귄다고 하였는데 '삭인다'는 삭힌다의 원뜻으로 기쁨이나 서러움이나 외로움을 푹 익힌다는 말이다. 그렇게 톡 쏘는 것을 나누어 마시듯 마음을 섞는 것이 삭이는 거다. 여기서 속은 깊은 속내인 것이다. 그래서 속삭인다는 말은 조용조용하고 은밀하고 특별하고 간곡하고 짜릿하다. 귓속말은 하나의 입이 하나의 귀에 가까이 대고 다정한 말을 넣어주기에 소곤거리듯 사귄다가 되는 것이다. 그렇게 소곤거리다 보면 속삭이게 되고 속삭이다 보면 사귀게 되는데 사귀다가 바빠서 안 사귀게 되면 마음을 삭혀야 하는 것이다. 그래서 두 사람의 귀는 네 개다.

이럴 때 좋은 남자란 나처럼 생각이 깊은 남자를 일컫는다. 얼마든지 상처입은 모습을 보여주겠다는, 그 상처가 얼마나 큰지 남들이 알면 별로 어여쁘지도 않은 여자가 너무했네, 라고 동정할 정도로 처연하게.

물론 다른 여자를 만날 수 있는 기회가 많다는 생각은 숨기면서. 오직 한 여자만 사랑하려고 했는데 버렸으니까 다른 여자가 주워갔다는 흐뭇함은 숨기고. 바쁘다니까 어쩔 수 없다면서 무척 가슴이 아픈 척함과 동시에 그 아픔을 감추느라고 애써 숨기고 있는 모습을 슬쩍 내비치면서 빈 소주잔을 만지작거려야 하겠지. 물론 바쁘다고 말할 정도로 결심을 굳힌 독한 여자이므로 남자의 반응이 연극인 줄을 안다. 그래 오죽하면, 남자라는 자존심 때문에 달리 내색할 수 없어 연극이라도 하겠냐고 미안해 할 것이니까. 그러면서 서서히 잊게 되고 안 속삭이게 되는 것이다.

물론 떼거리를 쓰면 바빠도 틈틈이 만나주긴 할 거다. 억지스럽긴 하지만. 그 억지가 사랑의 깊이로 측량할 수도 있으니까. 그렇지만 이미 사과는 썩었다.

그나마 바쁘다고 분명히 말해주면 좋으련만 속삭임은커녕 말 한마디도 없이 아예 소식도 없는 황당한 경험이 있기에 여기 하소연하고자 한다. 남들은 잘 모르겠지만 두 입술이 부르틀 정도로 속삭이면서 사귀었는데 어느 날 갑자기 육지로 떠났다는 거였다. 그것도 그녀의 집을 찾아가서 아파트 관리인에게서 눈총받으며 알아내었다. 참으로 난감하고 황당하였다.

얼마나 만나기 싫었으면 그랬을까. 객관적인 판단은 항상 옳다. 시청 민원실에 가서 주소를 추적하면 찾을 수도 있겠지만, 아직은 내가 추격해 올까 봐 주소이전 미등록이 분명하고, 그 이삿짐을 나 몰래 꾸리고 택배로 부친 노고를 생각하면 스스로 엄두를 내선 안 되는 거다.

다행히 이메일과 핸드폰 번호는 그대로인 모양이다. 핸드폰을 걸면 발신음이 울리고 메일을 보내면 잘 갔다고 인터넷이 부추겨 주는 걸로 미루어 보아서는. 그래본들, 어물어물 2년이 넘었다. 고백하건대 사방에서 여자들이 나와 속삭이고 싶어해도 나는 의리를 지키느라고 2년을 집 잃은 들개처럼 살았다. 사랑의 유효 기간이 2년이니까 사랑의 무효 기간도 2년이라고 단정하고는.

한편으로는 바쁘다는 말은 이미 유기가 되지만 침묵은 잠시 방치라고 하는, 반드시 다시 찾으러 온다는, 아아, 더 세월이 흘러서 나도 새집을 마련하면 찾아도 온전한 물건이 아님을 알기에 부지런히 잊을 것이로되, 우연히 길에서 만난다면, 나는 어디서 많이 보았다는 듯이 멍하니 바라볼 것이고, 그녀는 마냥 미안하니까 살짝 웃고는 내 앞을 꿈결처럼 스치고 지나갈 것이다.

사귀게 되면 삭히는 슬픔도 예견해야 한다는 발상에 얼토당토않게 이 글을 쓰게 되었다. 읽는 재미가 곰삭으려나.

나쁜 남자의 횡설수설

남자의 눈독에 찔린 여자는 허점투성이가 된다. 남자의 눈독이 무엇이냐고 묻지 말라. 허점투성이 여자가 허점을 어떻게 보이느냐를 설파하련다.

그 남자의 관심을 끌기 위해서 우선 옷차림부터 달라진다. 옷에서 꽃을 보는 관점을 관심으로 모아야 하니까. 심화되면 옷깃에서 향기가 나도록 향수도 바르고 나온다. 여자는 씨방 깊은 곳에 꿀이 있음을 알려야만 꽃처럼 벌에게 벌침을 쏘이고 싶은 원초적 본능을 해소하기 때문이다. 시야가 넓은 만큼 시력이 발달한 남자를 사로잡기 위한 수단이므로.

여자는 청각이 남자보다 발달하였으므로 남자의 속삭임이 그립다. 남자는 화술이 뛰어나면 유리하다. 여자 운전사는 후진과 좁은 차선 주차 능력이 선천적으로 남자보다 못하다. 그래도 십 리 밖에서 들려오는 낭군의 발자국 소리는 잘도 감지한다.

뱀이 풀밭을 스륵스륵하는 소리가 들리게 기어가다가 우연히 돌담에 앉은 꿩과 눈이 마주쳤다. 꿩은 화들짝 놀라서 멀리 날아간다. 우선 도망가는 거다. 그러나 그날 오후나, 이튿날은 꿩을 삼킨 뱀을 발견할 수 있다. 이런 경우를 고사성어 형식으로는 '사치합일蛇稚合一' 이라고 한다. 영어로는 '텔레파시스 어팩트' 인 것이다. 신경 꺼도 된다. 나만 쓰는 말이다.

필연이 아닌 경우가 많아서 문제이긴 하지만 우연히 만나는 여자 중에 필연에 가깝도록 만나야 할 여자에게서 드물지만 배광背光이 보이는 현상을 만나는 수가 있다. 여기서 배광이란 유독 그 꽃만, 그 곳만, 그 여자만 눈이 부시도록 찬란하게 빛나는 경우를 말한다.

남자가 일부러 던진 그물은 절대 아니므로 본능이라고 둘러대도 되지만 하여간에 눈독을 들인 경우가 된다. 꿩을 발견한 뱀의 눈은 아니겠지만.

여자도 그 남자를 막연하게나마 느낀다. 투명 화살에 찔린 듯한, 괜히 힘이 없어지면서 엉덩이가 무거운 느낌. 다가가서 응시하면 여자는 애써 눈길을 피하면서도 얼굴은 꽃처럼 붉어진다. 이때 이런 말로 엮어야 한다. '어디선가 많이 본 듯한 얼굴이라고.' 혹은 '우리 어머니 닮았다고'. 반응이 없으면 말고. 본전이니까. 그리하여 오붓하게 만나게 되면 '3,4,3' 을 활용해야 한다. 궁금하다면 서론 본론 결론이라고 짐작하라.

여자가 뒤태를 보이는 상황은 좋은 거다. 남자와 단둘이 있으면서 무엇인가 집으려고 뒤를 보이는 경우가 있는데 무심코 지나치지 마라. 적이 뒤를 보이는 경우가 있던가.

그 뒤태를 잘 활용하면 여자는 며칠 안가 남자의 뒤를 따라오게 되어 있다. 핸드폰에 찍힌 번호만 보아도 가슴 설레듯이.

심화 강의를 드린다면, 속삭임을 잘 활용하라. 여자는 귀가 풍성하기에 허공에 상상의 날개를 곧잘 펼친다. 그때 현실로 나타나는 환상으로 잠시 침묵하며 눈을 내리깔게 된다. 고개는 그냥 세운 채. 그때를 놓치지 마라. 입술이 온전히 거기 있나니. 고개까지 숙이는 경우는 지겨워서 졸음이 온다는 간접 표현일 수도 있다. 분별력이 필요한 대목이다.

표범이 사슴 무리를 사냥할 때, 멀리서는 눈을 희미하게 뜬다. 왜냐하면 오래 봐야 하고 멀리 봐야 하고 찬찬히 봐야 하기 때문에 눈의 피로를 줄이기 위해서. 그러면서 들풀의 키에 맞추느라고 자세를 겸손한 상인처럼 최대한 낮추고 코만 소리 없이 벌름거린다. 들리진 않지만 제주어 의성어로는 '찡끗 찡긋' 이다. 나도 우습다.

목표물을 정하면 서서히 다가간다. 남녀가 자주 만나는 것도 서서히 다가가는 것이다. 여자를 달래기 위하여 남자는 용의주도하다. 오죽하면 누가 잡아 먹느냐고 협박하면서까지. 물론 표범이 아니니까 안 잡아먹기는 한다. 그러나 먹기는 한다. 목표물을 추적하여 눈앞에 당도하면 표범은 눈알을 부라린다. 상대방에게 겁을 주어 오금을 저리게 하고 제풀에 쓰러지도록 하기 위함이다. 단둘이 있을 때, 갑자기 험상궂은 표정으로 짜증을 낼 때가 그런 경우이다. 이 순간을 오래 참고 기다렸다며.

옛날 군 복무 시절, 펜팔로 여자를 사귄 적이 있다. 얼마나 편지를 잘 썼는지 내 편지를 받은 여자는 어떤 형태로든지 나를 심각하게 생각했다. 그 여자가 면회를 왔고 외박으로 밤을 지새웠건만, 육지 여자와 결혼은 절대 안 된다는 아버지 명령이 있었기에 장장 두 시간 동안 거짓말로 속인 적이 있다.

즉 결론으로 3을 썼다는 말이다. 제때에 제대하는 단기하사이면서도 전방에만 근무해야 하는 장기하사라고 속이면서, 얼마 없어 월남도 지원할 결심을 했다며. 오죽하면 장기복무를 지원했겠냐고. 어머님은 자신의 출세에만 눈먼 아버지의 무관심이 싫어서 일본으로 밀항하여 영영 행방불명이다.

그런 아버지에게 대들다가 천하에 몹쓸 놈이라고 버림받았기에 비록 개과천선하여 집안 대소사와 벌초를 잘해도 유산은 절대 없다는 통고까지 받은 상태라고. 차마 범죄자는 될 수 없어 이 젊음을 조국에 바치려고 군에 입대했다고. 아무튼 자기를 너무 사랑하기에 장래에 닥쳐올 비극마저 숨길 수 없어 고백한다는 수고로움으로 체념을 받아냈다. 진짜로 자백하건대 이 책이 다소나마 팔리기를 염원하다 보니 흥미를 유발하느라고 저속한 말로 치장했음을 드물어서 귀한 독자들께 송구스럽게 생각한다.

사랑의 지느러미

난 며칠만 지나면 그대 얼굴이 잘 떠오르질 않거든. 기억을 더듬고 되살리려고 애는 쓰거든. 조금씩 생각나기는 하지만 윤곽이 거의 꽝이거든. 그래도 마음이 조급하지 않는 것은 내일이라도 만나면 되니까 하는 안도감이 떡 버티고 있는 거지. 만나서 살짝, 혹은 헤프게 미소 던지면 그대도 미소로 받아 챙기고는 "커피 끓여줄까?" 라고 물으면 고개 끄덕이면서 짧고 강하게 그대를 눈여겨보면 되니까. 사실 내일 만날 곳은 우리 사무실이지. 그래도 그대가 작은 다람쥐처럼 살금살금 와서 커피를 젓는 모습이 알밤을 줍는 모습으로 상상하면서 나는 내가 걸어 놓은 액자 속 그림을 심상하게 들여다보게 되겠지.

사실 난 커피를 그다지 좋아하진 않아. 저녁 강의를 쿨하게 열강

하고 싶다는 저의 때문에 마시는 거지. 오후가 넘어서 커피 마시면 잠이 잘 안 와. 졸린 듯 피곤해도 멍멍해지면 묘하게 글을 쓰고 싶어져. 그러면 슬금슬금 자판기를 두드리는 거지 뭐. 글자가 찍히고 있는 모습을 보여줄까? 내 생각과 내 양 엄지와 검지가 독수리 발톱 모양 동굴 벽화에 새겨진 암호를 긁어대는 형상으로 흰 여백에 깨알 같은 개미 떼가 기어 다니다 모여드는 거야.

며칠 지나 그대 얼굴이 잘 안 떠오른다고 했지만 오직 이 세상에 하나뿐인 얼굴인 줄 물론 알아. 머릿속에선 가물가물 판박이 그림을 조립하듯 꾸물대지만, 뇌리가 물안개 속 같아 마음에 차지 않기에 기발함이 넘쳐나는 생각으로 이 상황을 모면하는 거지. 어떻게?

허공이 비어 있으니 그대가 바람이나 공기로 내 곁을 감싸고 있다고 말이지. 산을 보고 있노라면 산 앞에, 섬을 바라보고 있노라면 바다 위에, 길 위에, 가로수 곁에, 가로등 저쪽에, 혹은 모니터를 들여다보는 동안도 내 등 뒤에서 덩달아 모니터를 보고 있기에 분산 확산되어 여러 형태와 여러 곳에 그림자 혹은, 꽃향기처럼 슬슬 다가오거나 피해 다니니까 거리나 핀트가 안 맞는 렌즈처럼 먼지투성이 화면이기에 그런가 하고 말이지.

그래서 만나면 다 해결이 되거든. 설령 남남이 된다한들 길에서 우연히 만났다고 쳐도 스치면서 고개 옆으로 돌리고 잠시 바라봐도 아하! 얼굴이 저랬구나 하면 되는 거 아냐, 그치? 그래도 서로 콩깍지가 끼어 있으니 흉겨운 눈으로 흠뻑 바라볼 땐 겨울이 왔을 때 있잖아, 눈 위에 떨어진 동백꽃을 대충 보고 산장 편의점으로 뛰어가듯 하진 않으려고 해.

이제 가 봐야 한다면서 일어서는데 빈 종이컵을 집느라고 내 강한 눈길을 깜박 잊은 순간에 얼른 훔쳐보는 거지. 자세히 보는 것이 재빠르면 더 좋겠다.

그동안에 여기저기 흩어져 있노라고 가물가물했던 그대 얼굴이 핀트를 제대로 맞춘 카메라 렌즈처럼 윤곽 가상선이 실물로 집결하면서, 실금이 지워지면서, 오직 그 얼굴 또렷하게 거기 짠! 하고 나타나 있거든. 신기해서 난, 웃지. 내 생각이 어이없기도 해서 그래. 그대도 자기 때문에 흐뭇해하는 줄 짐작은 하겠지.

다른 면에서 얼굴을 기억할 수 있음을 생각 못한 건 아니야. 핸드폰 사진으로 찍어두었다가 열어서 보면 되는데 무슨 엄살이냐는 질문도 그럴듯하긴 한데 핸드폰 사진을 응시하는 건 어쩐지 추억의 사진을 보는 모양새가 될 것 같다는 느낌이 들어서 실물을 엄청 선호하게 되더군.

하지만 그대가 미인이거나 안타까운 추녀도 아닌 평범한 얼굴을 개성이 넘치는 얼굴로 추켜세우진 않겠어. 그래도 점자를 더듬듯 그대 얼굴을 매번 공들여 떠올려야 되다니. 아마 나에겐 너무나 귀한 얼굴이라서 그런가 봐.

그대도 며칠 만에 나를 본다면서 그 작은 두 손으로 내 얼굴을 감싸고 요리조리 뜯어보면서 반갑긴 한데 안쓰럽게 주름살이 늘었다고 했던가? 할 건가? 그래도 입맞춤은 여러 번 하겠지. 그러는 동안에 반가워서 찡그리는 그대의 눈동자를 들여다보게 되지. 그 까만 동공에 내 모습이 거울에 비친 모습으로 들어 있거든. 또한 그대 동공에 들어 있는 내 동공에도 그대 모습이 비치는 거야. 그걸 '눈부처'라고 하지. 서로 마주보면 생기는 거지.

그 다음에 우리 뭐 했더라? 웃으면서 밀감을 까먹었던가? 거짓말은 하기 싫고, 아무튼 10년 전 그 얼굴을 더듬으려니까 힘이 드네. 인생은 정말 아름다운 악몽인가 봐.

은밀한 믿음

나일론 양말은 신축伸縮이 장점이기에 어느 발이든 신을 수가 있다. 이 세상 모든 여자의 질은 나일론 양말과 같다. 다만 특별한 경우와 예외는 있다. 만 명당 한 명꼴로 소위 명기名器라고 하는 긴축緊縮이 대단한 여자가 있어 운우의 정을 나눌 때마다 그 양말을 신은 남자로 하여금 무릉도원을 거닐게 하는 행운을 주기도 하고, 천 명당 한 명꼴로 따끈한 동굴 속에서 흘러나오는 물이 마치 범람하는 폭포와 같아서 요 위에 비닐을 덧씌우지 않으면 매번 요를 세탁해야 할 정도로 남자의 그것을 흐물흐물, 푹 삶아버리고는 날이 밝아도 도무지 출근을 할 수 없도록 황홀한 경지를 헤매게 하는 경우가 있고, 백 명당 한 명꼴로 성병을 보균하고 있어 면역력이 약하면 그냥 성병환자를 만들어버리는 실례가 있다.

우리가 신의 창조물이라고 믿는 것도 호박꽃에서 호박이 열리고,

두더지가 두더지 새끼를 낳는 자연의 원칙을 지켜주기에 우리는 안심하고 살아가고 있는 것이다. 더하여 신은 암수 두 가지 성별만 인정하는 강력한 힘이 있기에 신의 존재가 탁월하다 하는 것이다.

발기부전도 그렇다. 나이가 들거나 많이 아프면 남자에게 생기는 현상으로 신은 조용히 외친다. 오래 살고 있으니 그 정도는 감수해야 한다고, 많이 써먹었으니 이제 그만 쉬라고.

그래서 육십오 세 이후부터 사회는 노인이라는 혜택을 준다. 그 나이또래의 여자도 거의가 마른 우물을 숨기게 되는, 모든 정황을 종합하면 시기적절한 판단으로 여겨진다.

여기서 입맞춤에 대하여 잠시 언급하자. 여자에겐 밥 먹는 입과 씨를 넣는 입이 있다. 씨를 넣는 입은 분위기 상 아무래도 은밀해야 하기에 숲 속의 빈터처럼 들풀이 무성하므로 구분이 된다. 뽀뽀야 별 상관이 없지만 설왕설래舌往舌來라 하여 혀가 드나들게 되면 입속에 숨어 있던 서로의 균이 새로운 숙주에 창궐할 준비를 하게 된다.

허나 내 몸이 아직 건재하듯 상대 또한 건재하리라는 믿음이 있기에, 설령 뜻밖의 병에 걸린다고 해도 이 죽일 놈의 사랑 때문에 어쩌겠냐는 강력한 신의로 인하여 혀를 집어넣는 만용을 저지르게 되는 거다.

관계를 가진 후, 보름여는 별 이상이 생길까 봐 두려움을 느끼는 것도 인지상정이다. 그렇게 별 탈이 없으면 급속도로 가까워지는 것 또한 거부할 수 없는 믿음의 현상인데 행운의 만 명 꼴인 '긴짜꾸' 를 만나는 것이야 마른 날에 벼락 맞는 횡재로 생각하는 겸손도 일종의 믿음인 것이다. 즉, 어느 남녀인들 운우의 정은 비슷하다는 정황에 따라서 실행하면 별 탈이 없으니 하는 말이다.

도대체 믿음이라는 의미의 한자는 사람의 말이라는 의미인 '信'이라고 쓰고 있는가? 말보다 행동으로 먼저 보여주면 어찌될까. 어쩌면 무례를 범하는 짓일 수도 있다. 그렇다고 해서 그대를 죽도록 사랑하기에 입을 맞춰도 됩니까? 라고 묻는 것은 겨자에 버무린 식은 죽과 같은 맛이다.

상대방에게 눈을 살포시 감고 입술을 내미는 것도 웃음이나 눈물과 같이 보디랭귀지라 하여 일종의 언어로 취급하는 것도 믿음을 도와주는 예외조항이다. 그런 여자가 입술을 송두리째 내주면서 눈을 감는 것은 또 다른 입도 내주기 위한 신의 명령에 따르려는 믿음의 표현인 것이다. 여자는 분위기에 약하다는 말뜻이 이제 헤아려지는가?

남자는 웬만해서는 입맞출 때 눈을 감지 않는다. 약육강식의 동물세계에선 교미할 때가 잡아먹히기 쉽기 때문에 철통 같은 경계태세도 겸해야 하므로 긴장감이 고조됨도 번뜩이는 눈빛에서 느낄 수 있다. 다만 남자가 사정을 할 때는 죽음을 맞이하는 순간과 같기에 때로는 눈을 감을 수가 있다.

이런 와중에 여자는 눈을 떠서 남자의 얼굴을 바라보면 안 된다. 지금도 충분히 저질스럽기에 더 이상 언급은 피하련다.

믿음은 행동보다 말이 먼저이다. 믿음은 잠재적인 것이고 미래지향적인 것이므로 신념 이외는 실체가 거의 없다. 믿어야 할지, 안 믿어야 옳은 판단인지, 전혀 그 속을 알 수 없는 곳에서 믿음은 태동하고 발아한다.

설마 하면서, 역시 하면서 눈물로 맺은 언약인데도 만날 때마다 웃음이 넘치는 내 사랑은 넘치는 믿음으로 마음이 편안하기에 얼마나 좋은가! 하지만 첫날밤에 임을 맞이하고 닭이 우는 새벽에 전선으로 떠나면서 다시 오겠다는 언약만 믿고 평생을 홀로 살다가 죽어서 백골이 진토되고 만 불신의 희생은 너무 아프다.

배신을 할까 봐 가슴 조아리기 싫어서 두고두고 두려움에 떠는 내 사랑.

설마 만 명당 한 명꼴인 명기를 가졌다고 해도 한번 해보지 않고 어찌 믿겠냐고 남들이 눈을 흘기면 정말로 명기인 그대는 무척 답답할 것이다. 그렇다고 한번 드셔보라고 권할 수도 없는 노릇이니 남들도 얼마나 답답했으면 저렇게 소리를 칠까. "일단, 믿어보게 한번 줘보시라니까요!"

흐느끼는 색소폰

나는 이미 사춘기 즈음에 유행가를 듣다가 색소폰 소리가 흐느껴 운다는 감성을 배웠다. 이제 환갑이 넘은 나이에 12월 하순을 보내면서 밤늦도록 컴퓨터에서 흐느껴 우는 색소폰 연주를 듣고 있다.

어느 산골짜기가 떠오른다. 여기 외로운 양치기 소년이 있다. 서양인 소년답게 콧날이 우뚝하고 이마가 조금 튀어나온 짱구 같은 얼굴이다. 체크무늬 남방에 멜빵이 달린 청바지에 창이 짧은 가죽 모자를 쓰고 있다. 멜빵바지를 입은 이유로는 아마도 무거운 우유 통을 들고 가다 보면 배에 힘을 주게 되고, 배를 오므리면 허리띠가 헐거워져서 바지가 내려가는 것을 방지하기 위함이리라.

지금은 봄인가 보다. 흰 구름은 널어놓은 이불처럼 푹신하다. 푸른 수풀과 달리 어울리지 않게 우뚝 솟은 산봉우리엔 흰 눈이 쌓여 있어 햇살에 반짝이는 풍경이 오히려 한 폭의 명화 같다.

우리나라에 벚꽃이 피면 일본에서는 사쿠라가 피듯, 우리나라에 복수초가 피면 저 산엔 에델바이스도 피겠지. 겨울나기를 한 텃새들이 새집을 장만하느라고 노동요를 부르는 소리가 부산하게 들리는데 묘하게도 색소폰 소리 배경음이 바람결에 간간하다.

양들도 오래간만에 들판에 나왔는지 제대로 뛰지도 못하면서 깡충거리다가 서로 기 싸움을 은근슬쩍하곤 한다. 그래도 바위로 덮인 계곡 언덕 너머로는 가지 않는다. 계곡이 낭떠러지인 줄 잘 아는 모양이다. 양들은 비탈길도 잘 달리고 바위에도 곧잘 선다. 희한한 놈들이다.

음악을 듣는 나는 한가롭다. 색소폰 소리를 들으며 자판을 두드리고 있지만 눈앞에는 내 불알보다 약간 큰 밀감 두 개가 책상 등에 반들거리며 귀여운 그림자를 드리우고 있다. 이런 일상으로 들판에 나가면 소년은 제비꽃을 꺾고 잠시 향기를 맡고는 물소리 들리는 계곡 쪽으로 걸어갈 거다.

벌써부터 얼음장 밑으로 눈 녹은 물들이 모이고 모여서 큰물을 이루었는지 흘러내리는 물은 폭포수와 같아 흰 피를 뿜어내는 백룡처럼 굽이치는 전경이라 바라볼수록 황홀하다.

그 깊은 계곡을 치솟아 한 마리의 독수리가 긴 날개를 벌리고 정찰 임무를 띤 비행기처럼 선회하기 시작한다. 이 소년의 눈에는 정찰기로 보인다. 알프스 산맥 어느 줄기이므로 이차대전 때문에 이 소년도 방공호 속에서 숨어 지냈던 경험이 있을지도 모르지만 내 눈엔 푸른 바닷속 느린 물결을 타고 헤엄치는 거대한 가오리로 보인다. 가오리가 서양 제비붓꽃이 피어난 들판에 살지 않을 것이므로 가오리연을 잘못 본 것이라고 수정하련다.

나도 소년 시절에는 가오리연을 잘 만들었고, 잘 날렸기에 표준어로 방패연이라고 불리는 정연도 만들고 잘 날렸다. 거기다가 연싸움에서 이기기 위하여 연줄에 갑풀이라고 불리는 아교에 유리가루를 입히고는 그 연줄로 상대방의 연줄을 잘라먹는 맛이란 실로 쾌감이었다. 처음 만난 여자의 손을 슬그머니 잡는 기분이라고나 할까.

늘 하던 습관대로 키 큰 나무 옆에 놔둔 도시락 가방을 열려고 걸어가는 도중에 마을 쪽으로 낯선 사물이 보여 눈을 고정시켰다. 거기는 사과 밭이기도 하지만 작은 둔덕이 있어 노을 지는 풍경이 무척 아름다운 장소이다. 자세히 보았더니 창이 긴 모자를 쓰고 긴 치마를 입은 여자가 다소곳이 앉아서 그림을 그리고 있다. 그녀는 화판을 보고 있는 모습이다. 얼른 도시락 가방에서 피리를 꺼냈다. 그리고 뒤쪽 허리춤에 꼽고는 무엇인가 볼 일이 있는 듯 마을 쪽을 향해 걸었다. 둔덕 풀덤불에 놓아둔 새덫을 생각해낸 추진력 넘치는 발상이었다. 마침 그녀가 바라보기 좋을 거리에 새덫이 있다. 잡힌 새는 없었지만 새덫을 눈에 띄게 털어내고는 이전보다 더 그녀 가까운 곳에 가서 새덫을 놓았다. 그림그리기에 열중하던 그녀가 자기 또래의 소년이 나타나서 자기를 의식하지도 않는 듯이 제 할 일만 하는 모습이 오히려 반가웠는지 슬쩍슬쩍 바라본다.

'고양이와 여자는 무심한 척해야 슬그머니 곁에 온다.' 고 했다. 아무튼 외로웠기에 말이라도 해야 덜 외로울 것 같아 입술을 살짝 적시고는 가냘프게 피리를 불었다. 물론 양 떼를 부르는 피리 소리도 따로 있긴 하다. 지금 피리 부는 곡은 이 고장 전통 노래이다. 내가 서서 부르거나 걸어가면서 불어도 그녀는 눈치를 챌 것이다. 들을 사람이라곤 그녀뿐이었으니까. 쑥스럽기도 했지만 호기심도 자극하고 싶어서 사과나무에 기대어 피리를 불었다. 그리고 그해는 거짓말처럼 그뿐이었다.

또다시 아, 목동이 부는 피리소리처럼 그 산에 봄이 왔다. 내가 스무 살 즈음 가출하고 부산 어느 솥 공장에서 보조 총무 일을 하고 있을 때, 서울 모 대학에 다니는 여대생인 사장 딸이 귀여운 나를 발견하고는 자기네 공장에서 일하는 모습이 기특했던지 말을 걸어왔다.

"이번 일요일에 영화구경 갈라는데 같이 갈레예?"

고개를 좌우로 흔들기보다는 위아래로 끄덕이는 것이 훨씬 쉬워서 고개를 끄덕여 주었다. 갈 때는 전차를 타고 영도다리를 넘어 극장가로 가서 어묵에 김밥을 사먹었는데 꿀맛이었다. 올 때는 전차도 끊겼지만 이십분만 걸으면 되니까 둘이 나란히 걸었다. 그런데 놀라운 일은 그 당시 제주도 처녀들에겐 보기 드문 일로 그녀가 내 팔짱을 슬쩍 끼었다. 이런 환장할 지경이라니. 더욱이 놀랍게도 소낙비마저 퍼붓는 거였다. 여름이라 오히려 시원한데 그녀 귀밑으로 김이 솟는 것 같았다.

안 그래도 속마음을 숨기고 있는데 가로등 불빛에 얼른 보니까 비에 흠뻑 젖은 상의 위로 팽팽한 젖가슴의 그림자가 내 팔에 드리워진 것 같았다. 너나 나나 청춘, 에라, 모르겠다, 하기 좋은 시절이 아닌가. 여기서 말을 더듬어야 되겠지만 청춘에 눈이 먼 우리는 오랜 세월로 오히려 화끈한 우리가 되어 추억으로 간직하고 있다.

다시 색소폰 연주가 바뀌었다. 나도 눈 덮인 봄 산으로 달려가고 있다.

금년 봄에는 훨씬 성숙한 몸매를 지닌 그녀가 사과나무 밭에서 그림을 그리고 있다. 나도 양 떼를 그리 높지 않은 곳에 풀어놓았기에 풀밭에 앉았어도 그녀가 잘 보인다. 다시 피리를 꺼내 불었다. 소녀가 호기심 때문에 견딜 수 없었는지 일어서기 싫어도 얼른 일어서서 화구를 챙겨 들고는 내 곁을 빠르게 지나가더니 뒤를 돌아보고 싶어도 참고 있는 뒷모습으로 멀어져 갔다.

나는 마음이 흔들렸지만 애써 한 곡을 더 불었다. 그녀가 안 보이는 거리에서 입술에 붙은 침을 닦아내었다. 다시 하늘을 보았다. 날이 어두워지기 전에 양 떼를 몰고 가야 하므로 이번에는 양 떼 부르는 피리 연주를 하였다.

노을이 잘 익은 사과 엉덩이처럼 붉다. 멀리서 바라보면 나도 양들도 빨간 포도주에 담은 메추리알처럼 보일 거다. 그러면서 고등학생 시절이 생각났다. 학업 성적이 형편없던 나는 사회에 나가면 고생하리라는 막강한 예시가 있었지만 이토록 야릇한 시인이 될 줄은 몰랐던 거다.

아무튼 고교 국어 시간, 외국 수필가로 유명한 알폰소 도테의 「별」 번역물을 감상하는 중이다. 거기 나오는 중요한 대목 중에 주인집 딸인 처녀가 목장으로 목동의 양식을 심부름하는 하녀 대신 왔다가 목동과 인사를 나누었고, 들풀을 따면서 잘 놀고 내려가는 도중에 폭우로 물이 범람하여 길을 헤매다가 다시 목동의 오두막으로 돌아와서 어쩔 수 없이 하룻밤을 달랑 둘이서 지새우게 된다.

처녀가 밤하늘을 바라보면서 별자리의 이름을 물어본다. 아는 족족 성의껏 대답을 잘하고 있다. 그런데 그것도 한두 시간이라야지 밤이 깊어지니까 들길을 헤맨 피곤함이 몰려온 탓인지 그만 목동의 어깨에 기대고 간드러지게 코를 골면서 잠을 자고 있다는 거다. 목동은 어깨가 가렵고 팔이 저려도 그냥 참으며 새벽을 맞이하였다.

불쑥, 선생님께서 질문을 던졌다.

"너낸 어떵헐래?"

누군가가 기다렸다는 듯이 잽싸게 대답을 했다.

"똥 차 먹어불쿠다!"

선생님만 빼고 모두 폭소를 터뜨렸다. 제주어로 '똥 차'가 있고 '똥 아울라'가 있다. '똥 차'는 '똥이 들어 있는 채로'이고 '똥 아울라'는 '똥을 곁들인 그대로'는 뜻이다.

선생님은 수업 사이렌 소리를 듣고 나가시면서 나지막이 한 마디 흘렸다. '죽일 놈들…'

이쯤해서 다시 알프스 산맥으로 돌아가자.

알프스 지역 평지에 사는 목동들은 너무 착실해서 흘러가는 흰 구름을 바라보면서도 조상이 물려준 덕담을 기억하고 별자리 이름을 전부 외우곤 하였다. 북반부에 사는 사람들이 북극성을 바라보며 자신들의 운명을 점치거나 길을 찾는 별로 방향을 측정하듯, 남반부에 사는 사람들도 남십자성이 여행의 좌표임을 알기에 붙박이 목동들의 상상력을 도와주었던 거다.

아무튼 며칠 후, 그녀가 그림을 그리고 있다. 목동은 어떻게 말을 붙일까 심사숙고하고 있다. 여린 마음을 건드리자. 가장 귀여운 어린 양을 품에 안고 조심스럽게 그녀 옆까지 갔다. 양을 내려놓으면서 슬쩍 양의 배를 걷어찼다. 죄 없는 양은 깜짝 놀라서 소리내어 울었다. 그녀가 놀란 듯 고개 들고 이쪽을 본다.

어린것은 대체적으로 여리다. 여려서 귀엽다. 나누는 눈인사도 처음이라면 그런 경우가 많다. 나는 반갑다는 듯이 씽긋 웃어줬다. 그리고 어린 양을 안고 그녀 앞에 섰다. 그녀는 짧게 나를 쳐다보고는 어린 양에게 눈길이 머문다. 양을 안아보겠느냐고 했더니 팔을 벌린다.

그렇게 해서 그날부터 나란히 풀밭에 마주 앉았다. 미성년자 시절부터 담배를 피웠고 술을 마셨던 나이기에 솔직히 거친 연애를 제법 했다. 거친 연애란 화끈한 연애다. 연애도 멋져야 오래간다. 화끈한 연애는 반드시 헤어지게 되어 있다. 화상을 꺼줄 소화기가 쉽게 동나기 때문이다.

사랑의 유효기간 중에 들통이 나서 방해를 받으면 오히려 불길이 산불로 번진다. 리얼하게 표현한다면 춤추는 뱀을 토막냈다고 상상하면 된다. 그래서 옛 어른들은 때가 되면 돌아온다고 했던가. 불결한 짐승이 집을 찾아온다고? 어림없는 소리…. 지금 나는 무슨 소리를 하고 있나? 아름다운 알프스 들판을 배경으로 아, 목동의 피리소리가 산골짜기마다 울려 퍼지고 있다고 해야 하는데 말이다. 이 횡설수설이 가증스럽다.

아무튼 지금은 꿈같은 일이 현실로 벌어진 상황이다. 알프스 산기슭 풀밭에서 예쁜 소녀와 나란히 앉아있으니 어찌 꿈이라고 아니하랴.

문득, 언덕 너머 암벽 아래 이상한 동굴이 있음을 상기했다. 언젠가 꼭 한 번 들어가 보겠다고 다짐을 했건만 여태 실행을 못 하고 있었었다. 동굴 속이 어떻게 생겼는지 모른 채 혼자 들어갔다가 길이라도 잃으면 흔적도 없이 죽을 수도 있다는 두려움 때문에 여태 잊고 있었다.

소녀를 지긋이 바라보며 다정한 목소리로,

"내일이나 모래, 저기 암벽 아래 동굴로 놀러갈까?"

"동굴엔 뭐 하러?"

"응, 동굴엔 이름 모를 꽃들도 많이 피어 있고…, 어쩌면 금화도 주울 수 있대."

"금화를? 어쩐지 무서워서 싫어."

금화를 주울 수 있다는 말은 전에 전쟁이 났을 때 쫓겨가던 독일 친위대장이 후사를 도모하기 위하여 그곳에 금괴를 숨겨 놓았다는 소문이 떠돌았음을 상기하여 꺼낸 말이었다.

허긴 동리 사람들이 이미 몇 차례나 들락거렸지만 금괴를 찾지 못한 대신 신원을 알 수 없는 해골 몇 구를 꺼냈고 다른 지역 사람들이라도 탐사하러 오면 무슨 변괴가 생길까 봐 동굴 입구를 거의 막아두고 있는 실정이다.

"무섭진 않아. 동굴 앞에서 꽃을 꺾으면서 들여다보고만 올 거니까."

"그렇다면 한번 가볼까."

소녀가 빙그레 웃는다. 흡족한 마음으로 그 웃음을 보노라니 내 소년 시절에 훔쳐본 광경이 생각났다. 젊은 남녀 한 쌍이 계곡 아래쪽으로 내려가는 모습을 발견하고는 슬그머니 뒤따라가서 엿보았다.

물가 곁 돌 위에 여자는 꽃무늬가 그려진 양산을 펴고 앉아서 물수제비를 뜨는 남자의 뒷모습을 바라보고 있었다.

남자는 색안경을 여자에게 맡기고 작고 납작한 돌멩이를 골라 수면 위에 되도록 수평되게 날렵한 동작으로 물수제비를 뜨는 것이었다.

하나, 둘, 셋…. 물수제비가 원을 그리며 번져나간다. 그러는 동안에 해가 산 너머로 기울기 시작하자 키 큰 나무 그림자가 서로를 끌어안고 물 위로 드러누웠다. 그 풍경과 비슷하게 남자가 여자 곁으로 다가가서 끌어안더니 입술마저 포개는 거다. 순간, 나도 모르게 한숨을 내쉬었다. 보아야 할 것을 보고야 말았다는 묘한 기분이 들자 나도 크면 색안경을 쓰고 저렇게 꽃무늬가 그려진 양산을 쓴 여인을 계곡에 데리고 와서 입맞춤하고 말겠다는 결심을 했다.

노을이 생기면서 계곡 주변이 어둑해졌다. 어둡기 전에 양 떼를 몰고 산을 내려가야 하므로 그 자리를 더 지키고 싶었으나 그냥 내려오고 말았다.

지금 내가 무슨 생각을 하고 있는지 소녀는 모를 것이다. 천진난만해서 모를 수도 있고, 속마음까지 알아차려 버리면 세상 사는 맛이 형편없을 것이기에 신께서 속마음은 알 수 없도록 감추어주었겠지. 소녀도 호기심 많은 시절인지라 두려움과 기대감으로 내 밀담에 관심을 갖고 있음이다.

어리다고 해서 모른다고 생각하면 큰 오산이다. 달음박질을 하거나, 땅따먹기 하는 것이나, 친구와 코피를 흘리며 싸움한 것도 어른이 되면 전쟁을 일으키고 사업을 구상하고 정적을 무찌르기 위한 예비훈련인 것이기에 소년과 소녀가 풀밭에 나란히 앉아 있으면 무엇인가 야릇한 감정이 없진 않았다.

며칠이 지나 둘이서 그 동굴 속을 들어가 보긴 했다. 나오는 길을 잃어버려 고생할 것 같아 조금 들어갔는데도 낭떠러지로 떨어지면 죽게 된다는 공포감, 어른 흉내를 내서 한번 끌어안아 보려고도 했지만 소녀가 무섭다고 울어서 울음을 달래기에 바빴던 경험을 어찌 말로 다하랴.

살아서 돌아온 것만 해도 수지맞는 일이 되고, 밤 이슥하도록 컴퓨터 자판을 두드리는 것도 살아서 누리는 복이므로 그럴듯하게 상상력을 동원하면 어느 곳에서든지 불가사의한 사건도 만들 수가 있다.

어쩌면 때로는 천재지변도 있을 것이다. 그 알프스 산맥에도 폭우가 연일 쏟아져 양 떼를 전부 잃을 수도 있다. 그 피리 불던 목동이 그녀의 도움으로 도회지로 나가서는 장인의 유산을 물려받아 새로운 신분으로 살아갈 수도 있는 거다. 그 반대로 내가 마음먹기에 따라 목동을 요절시킬 수도 있다. 이런 절대적인 권한과 능력이 있기에 작가는 가난해도 자존심이 세다.

이 글의 서두에 알프스 산맥을 거느리고 피리 부는 목동을 주인공으로 내세웠으니 그 주제에 걸맞게 마무리도 해야 함이 당연하겠지. 예를 들어 수필 「별」처럼 단순히 끝낼 수도 있지만 이처럼 동굴 속을 헤맨 경험을 스토리로 전개하면 소설이 될 것이고, 숨겨놓은 금괴를 발견하게 된 과정을 무대에 올리면 시나리오가 된다.

추억은 관리를 하지 않으면 잡초가 무성하여 찾아갈 수 없다고 들었다. 그러나 추억도 일사부재리가 적용되기 때문에 꺼내보는 동안 변질되기 때문에 미화되기도 하지만 그나마 그런 추억이라도 있으니 풍요로운 세상이 아니던가.

칼춤

어느 가을밤이었다. 달빛 희다 못해 푸르게 멍들어 어둠마저도 흐느끼는 밤. 등 시린 풀벌레 흐느낌 소리에 잠이 깬 나는 내 몸 어느 부분이 차갑게 느껴져 본능적으로 손이 갔다. 그곳은 남자들의 세계를 지배하는 힘의 세계, 단전의 분출기구인 육체의 칼이었다.

내 칼은 칼집에서 나온 지 어언 삼 년. 그동안 칼집을 잃어버리고, 떠돌이 무사는 칼집 없는 칼로 달빛과 비바람, 눈보라에 녹이 슬어 칼날은 무딜 대로 무디어졌다. 칼끝 또한 삯을 대로 삯아 하루바삐 손을 쓰지 않으면 기본 형체도 망가질 지경에 이르렀다.

'용불용설' 이라고 했던가! 무예란 부지런히 갈고 닦아 폭포 흘러내리는 산중에 홀로 있어도 아득하게 전희의 춤을 추어야 한다. 자신의 그림자를 중심으로 우아하고 그윽하게 땀 흘려 검무를 추고 소변을 힘차게 보아야 한다. 항상 몸은 가볍고 따뜻하게 지녀야 하며, 주특기나 다름없는 칼은 단전에 힘을 주어 대숲 사이사이를 실전인 양 일합! 이합! 외침도 우렁찰 대로 우렁차게 장딴지 근육을 웅크렸다가 풀었다 하면 더 좋고, 항문 괄약근도 오므렸다가 풀었다가를 규칙적인 율동에 맞추어 리드미컬하고 다이내믹하게 대숲 속을 휘날리는 진눈깨비 난분분亂粉粉과 같아야 할 것이다.

춤의 마무리 역시 깊숙한 곳을 헤집기 위한 예비동작으로 전희도 절실했듯이, 행진도 절박했듯이, 결단도 절대적이었듯이 온갖 정성과 호의와 안도감을 줄 수 있도록 살풀이춤처럼 살갗을 벗길 정도의 박력으로 회오리를 잠재워야 하기에 후희도 다음을 기약하는 선약이다.

그러므로 이 노동의, 이 쌍검무가 정당하기 위하여, 내 칼춤을 온몸으로 받아준 대숲의 뜨거운 한숨을 위하여 절실함이 절박을 차고 넘쳐 절대적이어야 하는 비기를 지녀야 한다. 그 결정이란 칼춤이 끝난 뒤에도 절실함이 절대적이어야 한다는 뜻이다. 비록 격렬한 검무는 터진 용암처럼 마음껏 힘껏 분출한 최고의 경지만큼 의리를 잃지 않았다는 의미로, 최면을 기억한다는 정표로, 아직도 충혈이 가시지 않은 눈빛으로 바라보는 대상에겐 더욱 그윽해야 하고, 한 방울의 땀에도 나누어 흘리는 여유 있는 긴 숨보다도 더 감미로운 목소리로 대숲에 새로 난 길에 신선한 안개처럼 흰 비단을 펼쳐야 한다.

검무의 끝이 칼이 부러질 때이므로 이곳은 내 칼의 무덤이라는 절대적인 신뢰를 착취하기 위한 기교가 절실한 대목이다. 비록 이 검무가 부당한 상황에 처한 실지 상황이라 해도 절실하여 절박하기에 뉘우침과 두려움이 죗값을 삭제할 만큼 넘치는 포옹과 질박한 감미로 최선을 다한다면 이 또한 부당하게 허용되는 경우도 있다.

물의 속성으로 보아도 앞물의 상처를 뒷물이 씻어주기에 흐르는 물은 상처가 두렵지 않기에 잠시 더러워짐을 두려워하지 않았듯이 대숲 또한 낯선 검객이 칼 다루는 솜씨가 시신을 염할 때보다 정성이 극진하면 흐르는 물처럼 대나무도 빠르게 자라서 상처를 기억할 틈도 없이 숲 속의 길은 다시 원시의 숲으로 하염없이 넘실거리게 되는 거다. 그러니까 내 칼이 내 몸의 일부이듯이 산천초목이 실물이라서 내 검무를 안타까이 기다리는 달빛 호젓한 대나무 숲도 영혼이 지배하는 육체와 다름없는 것이다.

검무를 추고 난 뒤에 열기가 지글지글 끓다가 온몸으로 번지는 짜릿짜릿함은 정말이지 영혼이 영혼을 지배하는 감미로운 세상인 것이다. 예리하게 달구어진 창으로 만월을 푹! 찌르면 아아… 짓이겨진 젖가슴에서 젖이 분출한다는 상상이 두려울 정도라면 지금 대나무 숲 만월 아래 요염하게 누운 그대들의 여우의 눈을 잠시 가려라. 그대의 창이 해를 찌르면 세상은 피로 물들게 되므로 남자들의 사정하는 순간의 얼굴은 시체의 표정과 다름없기에 남자의 자존을 위해서 신은 여자들의 눈을 저절로 감기게 만들고 말았느니라. 궁금해서 부득불 눈뜨고 보겠다고 하면. 밑에 깐 천이라도 눈을 가려야 할 것이고 그마저 용이치 않다면 뜨거운 입김을 눈언저리에 쏟아부어 천연

마취제로 활용하라.

그 어느 가을밤이 오늘이기도 하다. 지금 나는 내 것을 본능에 의하여 만져보았다. 칼끝이 많이 무디어 있었다. 부지런히 칼집에 넣고 칼집에서 빼내고 닦고 칼날 다듬기를 게을리하지 않아야 함에도 불구하고 체력에 맞추어서 불순한 사상으로 성행위를 하여야 함에도 불구하고 칼집도 없이 버려진 칼처럼 오래 방치한 탓으로 혈액순환이 덜 된 발처럼 동상에 걸릴 직전이다. 늦기 전에 손으로라도 거북이의 머리를 잘 쓰다듬어 주어야 한다. '잘' 로는 모자라다. 정성 들여 만져주어야 한다. 언제든지 칼을 세우면 검무를 출 수 있도록 말이다. 이 말 뜻을 제대로 모르면 촌년이다.

쌍절곤도 원심력으로 펴면 쌍창이 되나니 항문과 성기 중간 지점이 창의 직립을 돕는 경락이므로 항상 혼자 있을 때는 손의 열기라도 느낄 수 있게 지압을 게을리하지 말라.

문득, 칼집을 찾아서 그 뜨거운 칼집에 칼이 들어가는 순간이야말로 지상의 영원한 파라다이스인 것을.

눈부신 여자, 향기로운 여자

꽃은 대체적으로 아름답다. 여자가 아름다운 것처럼. 꽃이 예쁘고 아름답고 향기롭다는 것은 상식이기에 그냥 꽃은 아름답다고 표현해도 별 무리가 없지만 지는 꽃은 상대적으로 추하다고 느껴지기에 시든 꽃도 아름답다고 표현하기가 싫을 만큼 예쁘지 않기에 대체적이라는 수식어를 붙였다.

여자도 마냥 아름답다고 할 수 없는 것은 늙은 여자는 아무래도 아름답지가 않기 때문이다. 늙었으니까. 늙었다고 다 밉지는 않겠지만 대체적으로 미운 건 사실이다.

지금 내가 말하고자 하는 주제는 아름다움이 아니다. 꽃도 아니다. 여자도 그냥 여자가 아니다. 눈부신 여자는 어떤 여자이고 향기로운 여자는 어떤 여자인가에 대한 나의 불순한 사상을 전개하려 함이다. 서로 좋아서 사랑해서 남자와 여자가 단둘이 만났을 때. 옷을 벗었을 때, 적어도 아랫도리는 아무것도 안 걸쳤을 때 원초적 본능을 회복하려고 톱니바퀴에 물린 상황을 야릇하고도 은밀하게 글로 전개하려고 함이다.

어디서 만나고 어떻게 만나고 얼마 동안 만났는지에 대해서 사실 그대로 깔끔하게 말할 수는 없다. 사실 그대로 적나라하게 말하고는 싶지만, 어떤 상황이나 행위에 대하여 정성껏 말을 한들, 그건 상황의 설명이기에 상황의 설명은 그 행위가 될 수 없기 때문이다. 그러나 그 말이나 글 때문에 그것을 나타내려고 하는 의도나 듣는 자의 차이에 따라 비슷한 상황을 맛볼 수는 있다고 본다.

이쯤해서 구체적으로 말하면 좋을 듯하다. 톱니가 톱니바퀴를 맞물고 힘차게 돌아가듯 남녀가 물레방앗간에서 만나, 달 없는 밤이 더 좋아서 끌어안고, 물레방아가 원시적인 톱니바퀴로 돌아 물을 길어 올리고 쏟아내는 동안 쌀이 빻아지듯 서로 열기를 엮으면서 끌어안고 있다고 말하련다.

활화산의 장관을 압축할 때로 압축한 남자의 동물적인 입김, 산울림을 토하는 남자 앞에서 그냥 자지러지는 여자가 눈부신 여자이다. 자신을 엄청 사랑하기에 자신을 향하여 달려오는 발정난 멧돼지의 저돌적인 콧김, 여자의 입장에서 보면 이 순간은 더할 나위 없이 황홀하고도 행복한 순간이기에, 기꺼이 뜨거운 바위를 열어드리는 눈부신 자지러짐.

그렇다면 향기로운 여자는 어떤 여자인가? 어떤 여자가 향기로운 여자인지를 알아야만 어느 여자가 향기로운 여자인지를 알 것 아닌가. 더 나아가서 눈부신 여자도 알게 될 것이고.

잠시 도덕적인 습성을 깡그리 말살하고 야성을 회복하려는 남자 앞에서 갓 낚아 올린 감성돔처럼 몸을 부르르 떨면서 선홍빛 낚시에 물려 비눗방울 같은 물방울을 흘리면서 제풀에 겨워 자지러지는 여자가 눈부신 여자라고 말했듯이 따뜻한 전기담요처럼 포근하게 남자를 감싸고는 만질수록 기분 찢어지게 터질 것 같은 부분을 집요하고도 정성껏 어루만져주는 일종의 헌신적인 태도에서 점차적으로 여자의 향기를 느끼게 되는 것이다.

조물주가 꽃을 만들 때, 시기와 장소에 따라 빈 산엔 노랑꽃을, 바위 틈 틈엔 보라색을, 짙푸른 나뭇잎 사이로는 붉은 꽃을 피우게 했듯이 남성에게 시각적인 특수 장애를 주어서 여자가 원하지도 않는데 나름으로 예쁘면 저절로 눈이 부시도록 선물했듯이 모든 여성에게 잠재되어 있는 모성애로 남자가 비록 잘생기지는 않았지만 하는 짓이 안쓰럽거나 귀여우면 자발적으로 몸을 주게 만들었다. 더하여 돈을 많이 벌어다 주면 수고로움이 기특하여 날마다 성을 쌓게 되고, 비록 가진 것 없어도 언변이 뛰어나면 여성으로 하여금 환각을 일으키게 하여 언제든지 줄 수 있게끔 청각적 장애를 선물한 것이다.

젊었을 적에는 적당량이 넘쳐 강을 이루었으니 쉽게 꽃도 따고 열매도 따먹었으되 오십대가 넘어가니 몸이 마음과 달라지는 것을. 여자도 갱년기를 맞이하여 시드는 꽃이 되므로 눈부시기를 바라기보다는 스스로 향기를 품고 남자의 기를 북돋아주는 여자로 전환하는 센스가 절대적이다.

유사시 그 향기를 남자의 온몸 구석구석을 향유 발라주듯 끼가 넘치는 여자. 남자도 늙기는 마찬가지이기에 상대 여자가 비록 미리 반쯤 눈감고 자지러지지 않아 졸고 있어도 함께 있는 그 자체를 반가워하고, 이토록 내 곁에 있음을 좋아하고, 나야라만 옷을 홀랑 벗는, 그 지고지순한 마음결에 감동하여 기어코 야성을 회복하여 향기품은 여자의 기대를 충족시킬 수 있기 바란다.

눈이 마주치기만 해도 무작정 달려오게 만들었던 눈부신 여자에서 다정다감한 향기로, 여자로 거듭난 그녀의 물레방아 세월을 진정으로 위한다면 그대의 디딜방아는 추억의 창고에서도 결코 녹슬지 말아야 한다.

3장

꿈이여,
부디 한 번

미인박명

미인박명美人薄命, 다시 말하자면 미인은 일찍 죽는다는 말이다. 천재가 요절한다는 말과 같은 맥락이다. 그래서 경국지색이라는 말도 있다. 천재도 나라를 뒤흔들 수가 있으니까.

설령 미인이라서 일찍 죽는다고 해도 미인은 자신의 미모를 탓하지 않는다. 그것이 미인의 자존심이다. 비록 백치라서 미모 대접을 못 받고 허접하게 취급을 당해도 벌 떼처럼 몰려드는 남자의 시선이 과히 싫지는 않으니까.

그런고로 미인이라고 다 도도하면 시시한 남자들은 평생 미인 곁에 갈 수가 없으니 조물주가 미인 중에 몇 마리는 골라서 자신의 몸매가 얼마나 뇌쇄적인지 모르게 만들어 버렸다.

처음 보는 정글, 낯선 오지 미개 마을에서 뜻밖의 미인을 만나 눈이 휘둥그레졌는데 그녀는 놀라는 내 모습이 마냥 귀엽다고 방끗 웃어주기까지 하였으니 웬만한 남자도 흑심을 품게 되어 있다.

촌장에게 웃돈을 얹어주고 흥정을 했음은 물론이다. 촌장은 더 얹어주길 바라면서 일단 튕긴다. 이단 튕길 것 같지는 않았지만 급하니까 웃돈을 손에 쥐어주고 그날 밤 달이 떴는지 말았는지 움집에서는 숨소리만 거칠게 퍼져나갔다. 물론, 미모에 혹한 자가 나뿐이 아닌 건 당연지사. 남들도 눈이 있고 음흉함이 있으니 흥정성사는 다반사. 그래서 미인은 어리석으면 남 좋은 일에 이용당하기 쉽기에 지성과 미모를 겸비하고자 무진 애를 쓰는 것이다.

허나 미모에 더하여 지성까지 지니기란 결코 어려운 법. 신은 못생긴 사람도 사람이라고 못생긴 불만도 달랠 겸 골고루 주시려고 하기에 양수 겹장은 그만큼 어려운 거다.

용감한 자가 미인을 얻는 다는 말, 이때 떠오르니 적격이로다. 장미처럼 곱고 수선화 향기처럼 짜릿해도 꽃일 뿐, 당당히 마음을 건너면 예상외로 다정하게 받아주는 미인도 있어 쥐구멍에도 볕이 든다. 아마도 '얼굴만 예쁘다고 미인이냐, 마음도 예뻐야 미인이지.'를 외치는 것도 미인을 사귀고 싶은 용솟음으로 굴뚝을 높이 세운 우렁참이니 어찌 세상이 아름답지 않으리오.

그런데 문제는 외관상으로 볼 때나 재력이나 권력도 별로인 남자가 미인을 거느렸을 때 저잣거리는 난리법석이 된다는 거다. 그놈보다는 내가 더 우수한 놈이라고 무리지어 추파를 던지는 상황이라 도로가 막히는 지경에 이른다.

그러니 예로부터 분수에 맞게 짝을 이루었고 미인도 지나친 관심 집중으로 조용히 살기가 귀찮을 지경에 이르니 아예 시문과 가무에 능통한 기생이 되어 쓸데없는 시중잡배가 범접하지 못하도록 최소한도 고을 원님의 첩이 되려고 자처한 경우가 다반사이다.

다시 이르노니 미인박명이란 일찍 죽는다는 뜻만 있는 것은 아니다. 천수를 누린 미인에 대한 모욕적인 언사니까.

까발리고 말을 하자면 미인이기에 희미하게 살라는 뜻이다. 있는 듯 없는 듯 은둔자로 살면 저잣거리가 평화로워진다는 깊은 뜻을 알아야 한다. 그래서 미인은 미모의 자존심을 걸고 장래가 촉망되는 남자나, 현재 잘나가는 남자에게만 심신을 듬뿍 드리는 거다.

이제 경국지색도 스스로 여쭈고자 한다. 미인들은 대개 차분히 마음을 다스리고 임의 한 걸음 뒤에서 달빛에 여울지는 박꽃처럼 희미하지만 매력적인 꽃으로 살아야 제격인데 대낮에도 달이 뜬다는 억지춘향을 쓰면서 천방지축 나서서 나의 잘남을 보라고 웅덩이에 오줌을 싸면 감히 너 딴 것이라는 말 한마디에 기죽었던 남자들도 반란이라는 새 희망에 불을 지피게 되는 꼴을 형성한다.

왕의 눈에 들어 화려한 봉황처럼 우아하게 살고 있으니 비록 늙은 왕이라도 왕은 왕이니까 지조를 끝까지 지켜줘야지 늠름한 상장군의 마력적인 눈길에 마냥 요염해지고 싶어지면 나라는 슬그머니 망하는 수순으로 치닫게 된다.

타인의 관심을 많이 받음은 분명 끼가 넘치는 탓이다. 그렇다고

끼를 헤프게 퍼질러 싸면 추하게 마련이다. 추한 것이 인기인 줄 착각하면 심각함이 우렁차다.

유명한 그림은 비싸다. 돈 없으면 못 산다. 그래서 더욱 유명하다. 세계적인 박물관에 가서야 만날 수 있는데 여비는커녕 죽었다가 깨어나면 살 수 있을지 몰라도 그거 살 돈이면 시골에 100,000평짜리 땅 사고 50평짜리 전원주택을 짓고 장기 저축하여 편안하게 사는 것이 현명한 선택이다.

그림은 복사본을 보는 것으로 만족하자. 화무십일홍이라고 폐경기를 치른 옛날 미인을 안아보라. 솔직히 눈부셨던 여자보다는 평범해도 착한 여자가 윗길이다. 하지만 젊은 한때나마 미인은 희소가치가 있어 제격이었고 꺾을 수 없어서 이 지경이 되었으니 뒤뜰에는 마음에 드는 꽃을 심을 작정이다. 늙었어도 목돈을 마련하면 미인을 얻고 회춘할 수 있다기에.

뼈아픈 본질

무한한 것을 유한 속에 나누어 간직한다. 무한하다는 것은 무한으로 유한한 것이기에 유한한 것은 무한한 것을 그리며 죽는다. 허나 무한한 것은 무한으로 살아남아 영원토록 창공을 누비는 별들과 떠돌고 있는 것이다.

이 여자를 만났다는 것은 어느 바닷가에서 돌멩이 하나를 줍기보다 쉬웠던가? 내가 이 세상에 태어난 것처럼 힘들었던가? 쉽다는 말은 어렵다는 말에 비하여 쉬운 말인가? 만날 때부터 우리는 운명에 묶인다. 운명에 묶여서 숙명을 엮는다. 숙명은 비 그친 하늘에 뜬 무지개다. 눈부신 현상이다. 감동이 넘치는 복권 당첨이다.

좋은 만남일수록 만나지 못하게 가로막는 규범이 많다. 그 규범은 철조망이거나 철벽이거나 폭우가 쏟아지는 한밤중과 같다. 아니면 만나려고 골똘하다가 체력이 소진한 놈이 늪에 빠져 허우적대고 있는 동안 엉금엉금 기어오는 악어의 출현이다.

왜 사랑하는 남녀는 요철로 만나는가? 달이 뜨고 지는 것이 현상이라면 요철로 반쪽을 위로하는 현상의 쾌거인가? 신에 대한 보답으로 속살을 감추고 곁을 숨겨야 하는 애틋한 결합인가?

세월이 무진장 흐르면 마애불도 수척해진다. 수척해지다가 일그러지고는 흔적조차도 사라진다. 마애불이 살았던 암벽조차 모진 세월에 깎긴 탓이다.

그러나 그날의 행적은 그날로 남는다. 다시 돌아오지 않는 그날로 남기에 우리는 그것을 과거라고 부른다. 기다려도 소용없는 과거를 다시없는 한계로 느끼기에 돌아가고 싶을수록 돌이킬 수 없는 사연임을 안다. 잘 알지도 못하면서 모기 혀가 일곱 가지임을 아는 것처럼 사용처에 따라 필요에 의하여 안다고 자가당착에 빠져 허우적거릴 뿐이다.

그녀와 나는 백 번도 넘게 요철을 맞추었다. 돌이킬 수 없는 향락이지만 현실적으로는 창조적인 행위이다.

다시없는 그날들이 엮어낸 기막힌 작태라 한들 쓰러진 나무가 누운 채 견디듯 어떤 형태로든 현상은 나타난 대로 종결된다. 종결은 다시 돌아올 수 없는 그날이기에 이 또한 새로운 시작이므로 우리는 윤회한다는 말로 이 난관을 극복한다.

늘 만나도 사이가 나빠서 강 건너 불구경하듯 그냥 말없음 표나 흘리고 스치는 바람처럼 불을 번지게 하는 것도 유한한 고통이지만 묵과할 수 없는 그날에 대한 모독이다.

짐승은 본능에 의하여 달리고 인간은 이성에 의하여 날뛴다. 짐승은 본능에 의하여 기대어 앉고 인간은 감성에 의하여 부둥켜안는다. 짐승은 본능에 의하여 왔던 길을 다시 찾아오고 인간은 지성에 의하여 새로운 길을 찾아 나선다.

반드시 만나야만 만난 것일까? 만나서 울다 흐느끼고 눈물을 닦아주어야만 서럽게 만난 건가. 일체유심조라고 생각만으로 만날 수는 없는 건가?

오래된 사진은 영정 사진이 될 가능성은 희박하다. 대체적으로 죽은 자의 개성과 화려했던 시절이 나타난 최근 사진을 영정 사진으로 모신다. 영정 사진이라 한들 물건에 지나지 않으며, 흔적에 지나지 않으며, 묘에 묻힌 유골이 흙으로 변하듯 수많은 영정 사진도 모르는 사이에 사라졌고 사라지고 있다. 그러나 우리들의 가슴속에 살아 있는 사진은 내 의지대로 잘 보관되어 있어 살고 있는 우리들의 설움보다도 더 또렷하고 따뜻하다.

비록 만날 수 없어도 생각하면 생각사로 그날이 떠오른다는 것은 해가 다시 뜨듯, 달이 지듯 다시 돌아올 수 없는 것을 돌이켜보는 간절함과 맞먹는다. 어둠이 길어서 싫고 밤이 캄캄해서 답답할 뿐이지 그리움이 없으면 눈부신 대낮도 지겨울 따름이다.

살아 있는 우리는 죽은 자를 그릴 때, 우리의 필요한 부분만 꺼내어 활용한다. 죽은 자와 산자로 이미 등을 돌렸기에 먼 산이나 쳐다보아야 하는 처지가 되었으니 무한하고 싶은 마음은 아직 살아있으므로 유한한 그날들의 몸뚱이를 서로 부둥켜안고 흐느껴야 할 기막힌 내일이 준비되어 있다.

그럴수록 우리는 마음속에 신위로 모시는 그리운 사람들이 있다. 이것은 인간의 본성이고, 죽은 새끼를 입에 물고 소리죽여 울면서 숲을 헤매는 들개의 슬픈 표정은 본능의 현상이다.

하여간에 짐승의 행태를 내 마음대로 설정해서 미안하다. 하여간이라고 말하는 것조차도 불경스럽다. 내가 죽으면 모르겠지만 내가 살아 있는 한, 살아 있음을 알고 있는 한, 그대를 잊지 않겠노라고 힘주어 소리치고 싶음은 돌이킬 수 없는 그날에 대한 미련이고 저항이다.

내부 고발자

내부 깊숙이 침투한 내부 고발자는 이중 첩자이기에 무시무시하다. 아니 내부 고발자라는 말 자체가 무섭다. 제 발등을 찍고야 말 믿는 도끼이기 때문에 더욱 그렇다. 언제 어떤 형태로 곪았다가 어떤 증폭된 힘을 터뜨릴지 모르는 시한폭탄이다. 몸속의 외딴섬이다. 다시 말하자면 암적 존재이다. 차라리 암이라고 단정해도 된다. 외부 고발자는 막거나 외유하면 진로를 바꿀 수도 있지만 내부 고발자는 이미 몸속을 파고들었으므로 같이 죽든가, 미리 영역을 내주고 떠나든가 아니면 도려내는 것이 상책이다. 어쩌면 스트레스와 너무 닮았다. 스트레스를 견제하는 방법은 이길 것일까, 피할 것인가, 포용할 것인가이다. 아무튼 내부 고발자는 골칫덩어리이고 간신 나라 충신이다.

암이 있을 것이라는 불안마저도 골치가 아프듯이 암적 존재인 내부 고발자가 있다는 조짐마저도 스트레스가 되므로 그 고통의 기제 방어로 내부 고발자도 어떤 면에선 긍정적인 몫도 있으리라고 애써 동조하려고 해도 큰칼 옆에 차고 깊은 시름해야 할 뿐이다.

아들 중에는 큰아들이나 작은아들이나 외동아들이 있게 마련이다. 다양한 현대에 와서 현실적으로 맞진 않지만 큰아들은 아버지를 비판하면서 성장하고 작은아들은 아버지를 이용하면서 성장한다고 한다. 외동아들은 아버지를 비판하기도 하고 이용하기도 하는데 그 폭이 너무 크기에 아버지 입장에선 곤란을 겪을 때가 많다고 한다.

큰아들은 대를 이어야 하는 사명감이 크기에 그 가문의 오욕에 있어서는 거의 용납이 안 된다. 특히 가문의 쇠락에는 바로 윗대인 아버지에게 책임을 물어 맞장 뜰 위기가 많다. 작은아들은 아버지의 장점마저도 교묘하게 약점으로 이용하여 이득을 취하면서도 미움을 받지 않는 기교가 거의 천부적이라고 한다. 결혼하면 분가로 호적도 떨어져나오게 되므로 새로운 영역을 위해서는 둥지에서부터 챙길 것은 최대한 챙겨야 하기 때문이다.

외아들이야 어찌 한마디로 형편을 말할 수 있으랴. 큰아들 성격을 지녔다면 외골수이기에 성격 자체가 심지 곧기 때문에 가문의 영광이야 가져오겠지만 너무 차가워서 미울 때가 많다. 또한 작은아들을 흉내낼 경우에는 사업을 합네, 자선을 합네, 예술을 합네 하여 가산을 탕진하는 경우가 다반사이다. 물론 이 과정에서 이익을 보는 것은 사촌들일 수가 있다.

조직의 단합은 닭서리에서부터 이권 개입, 마약 밀수 등 참으로 다양하고 기상천외하다. 닭서리하자고 제안을 했는데 느닷없이 거룩한 신의 이름을 거느리며 회개하라고 소리치면 동료들은 하릴없이 곤경에 처하게 된다. 차라리 국가 정의를 위하여 제 한 몸 바칠 기백도 없으면서, 다른 조직의 기밀은 잘도 눈감아 주면서, 꼭 제부모만 못났다고 땡깡을 놓는 것 같아 내부 고발자를 거느린 가장은 어찌 이런 아들을 낳았는지 정말이지 후회막급이다.

조직도 잘못은 있다. 이런 소양을 예견하고 싹부터 잘라야 하는데 조금 돋보인다고 하여 지나치게 찬양하여 기고만장으로 흐르게 한 관리 소홀이다. 앙케트 조사에 의하면 내부 고발자는 조직의 이익이나 혜택을 가장 많이 받으면서도 종국에는 배신 버금가는 자폭을 결행하고 만다는 것이다. 어쩌면 상대 조직을 흐뭇하게 해줄 간첩으로 돌변하는 어리석음인 것이다.

그렇다면 옛날, 조정에 반기를 들고 원악 수만리 제주도로 귀양온 죄인 중에 어떤 아들들이 왔는지 조사를 해 보려고 했지만 모반의 종자는 사돈에 팔촌까지도 가문을 지리멸렬시켰기에 어떠한 자료도 축출할 수가 없어 아쉬웠다. 모반을 막으려고 사촌에 팔촌까지 죄를 물었고 서로 감시하게 하였을 것이다. 왕은 반역을 막기 위하여 당파를 교묘히 활용했으리라는 상상도 가능하게 된다. 거사를 주도할 때, 내부 고발자를 체포하면 전체를 살리기 위하여 오히려 내부 고발자를 희생양으로 바치기도 하였다. 이것을 조직 세계에서는 '조직의 쓴맛' 이라고 한다.

부부가 서로 으르렁거릴 때는 서로가 내부 고발자 역할을 하는 것이다. 서로를 응징하게 되어 있다. 그런 부부인 경우, 가정의 쓴 맛은 이혼이다.

물이 맑아 봐야 가난하고 깨끗하다는 순결뿐이다. 순결만이 인생의 전부가 아니라면 대충 흙먼지도 뒤집어쓰고는 맑고도 어두운 물에 손도 씻고 발도 씻는 것이 세상의 이치이다.

물이 어둡기 때문에 물고기가 모여 산다는 것. 깨끗한 물은 속이 다 보이기 때문에 물고기가 마음놓고 숨어 살지 못한다. 한 개의 비늘에 닿는 햇살도, 한 번의 지느러미 움직임도 다 보이니까. 심지어 하늘을 날던 매도 웬 떡이냐 하고 물속으로 파고들어와서 날렵하게 채갈 것이므로. 그래서 음과 양이 공존하는 거다. 밝음에 비하여 결코 어둠을 비하할 수 없는 이유가 여기에 있는 것이다.

오죽하면 깨끗하고도 용감한 내부 고발자를 두려워하겠는가? 내부 고발자의 속성은 자기만은 특별대우를 해달라는 경고가 아닐까? 아무튼 황소 같고 좁쌀 같은 내부 고발자의 만용이 안타깝다.

내부 고발자의 속성

내부 고발자의 특징으로 남에게는 관대하다는 것이다. 그런데 자기 가족이나 이웃에게는 잔혹한 편이다. 남들은 그래서 어느 정도 눈감아 준다. 남들 보기에는 그토록 좋은 사람이 그렇게 할 때까지는 그만한 이유가 있다고 오히려 두둔하게 만들기 때문이다.

마찬가지로 친족 중에는 평소에는 일을 잘하다가도 결정적인 일에는 자신의 권위와 이익을 위하여 전체의 뜻을 거역하고자 몸부림치는 자가 있다. 참으로 환장할 일이다. 한겨레 한핏줄이 아니면 잘라내고 싶은데 성을 바꾸기도 어렵고 해서 그냥 친족회의만 박살난 채 표류하는 경우가 많다.

그럴수록 내부 고발자는 다정다감한 표정과 특이한 화술로 반대편의 약점을 교묘하게 이용한다. 친족 행사 때 기부금도 여느 친족보다 약간 더 내고 평소에 중요 인사와 친분을 트고 있어 자기의 주장을 받아 주게 만든다. 그러나 아무리 내부 고발자가 대단하다 한들 수뇌부의 인물과 반대편에 서는 것은 금물이다.

아내에게도 감동이 넘치는 사랑으로 평소 좋은 점수를 누적하면 불륜 전과가 있다고 해도 집행유예도 없이 한쪽 눈을 감아주는 면죄부를 얻게 된다. 정성이 바로 노하우다.

오죽하면, 돈 잘 벌어다 주고 밤일도 잘하니까 도무지 불만을 토로할 트집이 없으니까 '그래, 너만 잘났냐!' 라고 한탄을 하겠는가 말이다.

얄팍한 이익으로 내부 고발자가 되지 말고 신용과 열정으로 자신의 영역을 확장하라. 그렇게 은밀히 용을 쓰고 있으면 물이 스며드는 얼음궁전처럼 서서히 실제가 드러나게 되리라.

왜 당파가 생겼는지 이제 알 것 같다. 거사를 주도하면 목숨을 건 동지가 있게 마련이다. 반란이 성공하여 왕을 맡은 자가 권력을 통째로 갖는다. 현감 직책이 불만이다. 영의정을 시켜 줄 것을 요구하였다. 기다리라고 한다. 마침 현 영의정이 반란을 획책하다가 발각되었다. 유배가 결정되었으니 직통 노선으로 부탁하였다. 내무대신 직책은 나라의 존폐가 달린 중요한 문제라며 단박에 거절한다.

안 그래도 무법천지로 정권을 찬탈했다는 백성의 원성이 극에 달해 희생물을 만들면서 유배까지 획책하는 정황이다. 배신감을 느꼈다. 짐승처럼 이빨을 부드득 갈았다. 인상을 쓰면서 사표를 냈다. 일단 사표가 반려되었다. 오만해지면서 거듭 사표를 냈다. 안타깝게도 사표가 종용되었다. 비록 거사이긴 하지만 깨끗한 통치를 하겠다는 홍보물로 이용, 일등공신도 겨자 먹이고 울리면서 귀양길로 내쫓는다.

왕의 입장에서 보면 아까운 동지를 죽이지도 못하고 살리지도 못한 고뇌의 절충이다. 죽이지는 않았으니 멀리 가서 그 고집 없애고, 그 욕심 없애고, 그 울분 긍정적으로 삭히라고 아프게 시간을 벌어준 것이다. 눈에 보이게 국방부 장관으로 수직 발탁하면 안 그래도 트집 잡으려고 혈안이 된 야당 결사대에게 빌미 제공을 염려하고 또, 잠시 그대로가 상황에 따라 서로 안전하기에 소망을 애써 무시한 것인데 너만 왕이 되었냐고 으르렁거리니 참으로 부담스럽다. 구사 팽을 시키지 않은 것만으로 논공행상은 주어진 것이다. 그러니까 거사를 성공시켰다는 사실만으로도 신이 도왔다고 겸손해야 한다.

솔직히 말해서 거사를 했다는 자체가 반란이므로 누가 누구를 믿을 것인가. 힘이 되었다면 끝까지 힘이 되어야지 짐이 되면 버림받게 마련이다. 동지란 그런 것이다. 권력의 사슬 아래 묶이면 피동은 두려움을 동반해야 한다. 언제 왕의 친서를 품고 암행어사가 올지, 사약을 들고 금부도사가 올지 순전히 왕이 된 옛 동지의 고뇌에 찬 결단에 달려 있는 것이다.

당파는 일부 내부자끼리 의기투합하여 조직에서 이탈하였기에 잠재적 봉합을 각오하고 여러 파로 나눠진 것이다. 살아남기 위하여 세력을 불리다 보니 침략과 약탈, 회유와 거점 확보 등으로 세력이 부침으로 적대적 관계가 형성되는 것이다.

그리고 무서운 것은 내부 고발을 저지른 인물은 언제인가 다시 그 역할을 하고 만다는 불안감이 팽팽한 서스펜스를 엮는다.

더하여 무서운 것은 그 내부 고발자에 의하여 피해를 본 경험이 있는 자는 위기가 닥치면 그 책임을 내부 고발자의 탓으로 돌리고 원망의 비수를 품고 경계하게 된다. 부자지간도 마찬가지이다. 아버지의 비리를 집요하게 파고드는 아들에겐 미안하지만 유산 상속은 절대 없다는 유언이 세세손손 찬란하게 빛난다.

그러니까 원점으로 돌아가려는 화해와 상생을 구함이 이토록 어려운 것이다. 허나 노력은 가상한 법. 두고두고 아버님 무덤에서 뉘우치며 대성통곡을 하고 있으면 아버님의 손자가 그 모습을 지켜보고 대신 용서하기에 내리사랑은 절대적이라고 어른들은 말씀하신다. 배울 일이다.

배신의 진면목

나이 오십이 넘으면 배신할 줄도 알아야 해. 여기서 배신이란 배신해야 할 때도 배신하지 않는 것이 진짜 배신이지.

여자인 경우는 체념이라고 하지. 체념이란 무엇인가? 누구나 다 아는 체념이라면 구태여 설명할 필요가 없지. 내가 뜻하는 체념이란 체할까 봐 늘 조심하는 마음이지. 아무튼 배신은 불신과 사촌이라서 은근히 두려운 마음가짐인 게야. 그러나 불신이 소극적이라면 배신은 아주 적극적이지. 배경을 깔고 신의를 지킬 것인가, 배경도 없이 막막하게 불신할 것인가를 상상해 보라.

그러면 어떻게 배신을 키울 것이며 언제부터 배신을 죽 먹듯 밥 먹듯 꾸준히 결행할 것인가. 잘은 몰라도 확실하기로는 50이 넘을 때가 좋다.

여자의 체념도 오십 전후가 좋다. 바야흐로 갱년기라서 보드랍고

매끄러운 여성 호르몬이 신의 조화에 의하여 소진되는 폐경기이다. 점점 남자다워지는 여자 나이 오십. 그 전의 아름다운 상처인 기쁨이나 슬픔이 다 연약한 얼굴에 쌍무지개로 떴다가 사라지곤 했지만 이제 에스테스 호르몬이 없어지면서 다정다감한 감성이 탈바꿈하고 사물을 이지적으로 생각하게 되면서 체념도 하나의 지혜인 줄 갈파하게 되는 것이다.

남자도 오십에 배신을 때릴 줄 알면 전과 사뭇 다른 인생관을 지니게 된다. 우선 오십을 살고 있다는 것부터 칭찬을 받을 일이다. 목숨의 정점을 살고 있으므로 인생의 정점도 누리고 있는 것이다. 적어도 요절은 아니란 말씀이다.

흔히 나이 10년 단위로 축약하기를, 나이 오십, 지천명이라고 하지 않는가. 목숨이 하늘에 달렸다는 말인데 하늘에서도 관심을 가질 만큼 좋은 나이라는 거다. 여기서 남자 나이 60을 잠시 언급하고 가자.

육십에 배신을 때렸다고 가정해 보면 아무래도 늦은 감이 있다. 제 수명을 다 누린 것 같은 이순이라는 말이 그걸 단적으로 암시해 준다. '耳順' 이란 그냥 이순인가? 귀에도 순서가 있다는 말 아닌가. 그렇다면 귀엔 구체적으로 무엇이 있는가? 고막이 있지. 소리의 울림통이라고 해야 말귀를 알아듣겠는가. 고막을 파고들어서야 달팽이관을 통과하게 되어 있지.

고막이 단순히 소리로 파닥거리는 멸치 떼 그림자를 그물로 떠내

듯 소리를 걸러내어 달팽이관으로 보내면 달팽이관은 음식물을 받은 내장처럼 영양분을 흡수하듯 온갖 영상을 뇌에게 전달하는 역할을 하지. 그러니까 뇌에 보고해야 할 사안들을 달팽이관은 순서를 정하여 차곡차곡 알리는 기능을 한다는 말이다.

하지만 환갑을 넘기면 아무리 세상이 좋아졌다고 해도 늙기 시작한 것이다. 진정한 고독이란 단순히 외롭기만 해서는 고독에 대한 모독이다. 내가 아는 고독은 공포를 수반해야만 제값을 하게 된다. 이것도 설명해야 되는가.

예를 들겠다. 산중에서 길을 잃어 헤매고 있었다. 밤이 깊어간다. 적이 쏜 화살에 옆구리가 찔려 숨쉬기가 점점 힘이 든다. 더하여 며칠을 굶었다. 입동이 멀었는데도 밤이슬이 차갑다. 이대로 가다가는 아아! 죽고 말 것이다. 홀로 잠 못 이루어 밤하늘을 쳐다보는 외로움도 첫 마디 하나 차이로 괴로움인데 암이 온몸에 퍼져서 앞으로 6개월밖에 못 산다는 의사의 판단을 받은 지 5개월이 지났으니 이토록 두려움이 함유된 외로움은 얼마나 안타까울 것인가. 내가 서서히 죽어가고 있다는 것. 안 그래도 늙으면 자연히 죽을 것인데 이토록 처연할 이유가 무엇인지 스스로 생각이 깊어질 것이다.

그래서 오십을 인생의 정점이라고 설정한 것이다. 오십을 넘기면 힘깨나 쓰면서 살았다고 후일담도 남길 수 있는 거다. 이 후일담을 위하여 배신도 배신다운 배신을 때리라고 주문을 하는 것이다. 서툰 영어지만 단어 두 개를 차용하련다. '마인드 컨트롤' 이라는 기능을 익히자는 말이다. 구태여 직역을 하면 '마음 부려먹기' 가 될 것이다. 스스로 마음을 다스릴 줄 알면 여자나 남자나 오십을 제대로 살고 있는 상태로써 칭찬받을 만하다. 즉, 분노를 스스로 반죽할 줄 안다는 말이다.

오십이 넘으면 체력 저하를 실감하게 된다. 한편으로는 인생의 노하우가 열매로 익어 생각은 한층 깊어진다. 그러나 명예라는 황금알을 낳기 위한 둥지일 수도 있다. 솔직히 말해서 명예란 그다지 좋은 것은 아니다. 선지자들의 어록에 의하면 명예는 더러운 것으로 분류되어 있다. 그래서 명예욕이라고 욕을 하고 있는 것이다. '인생은 육십부터' 라는 말 자체가 명예로운 표현이면서 목숨에 대한 배신이다. 그러니까 배신한다고 하지 않고 배신을 때린다고 표현한 것이다.

즉, 배신을 스스로 조절할 줄 안다는 말이다. 뻔히 속을 줄 알면서도 속아주는 것이다. 정말 죽도록 싫어도 내색하지 않는 떫음이나 적과 화해하기 위하여 적진으로 들어갔을 때, 단두대 아래서 토막난 무가 될 줄 뻔히 알면서도 그리하는 것이 스스로를 배신할 줄 안다는 것이다. 그것을 다른 말로 요약하면 '의리' 가 된다. 의리를 알면 배신의 의미도 찬란해진다. 여자에게도 의리는 있다. 여자 오십도 절대 당당하므로 배신을 때릴 줄 알라고 주문은 하면서도 남자와 더불어 사는 모습이 안타까우니까 체념이라는 말로 대치했음도 밝혀둔다. 인생을 '살며 포기하며' 라고 해 보면 정말이지 배신하고 싶도록 아름다운 거 맞지?

감성돔 회를 씹으며

내가 그대에게 회 한 접시를 대접할 때, 어떻게 대접해야 할까? 이 화두가 그대와 나의 소통에 참기름을 끼얹을 것인지, 메마른 소금밭을 맨발로 걸을 것인지를 확연한 차이로 보여주게 된다.

회는 물고기가 원자재임을 거듭 확인하고 싶다. 육회라고 하여 소고기나 말고기 회도 있지마는 회를 대표하는 것은 바닷물고기인 것이다. 그 중에서도 '돔' 과에 속한 물고기가 가장 맛있고 비싸다. 물론 고래 고기가 돔보다 더 비싸고 맛있다고 할 수는 있다. 갈치 회나 고등어 회도 당일바리로 신선도가 뛰어날 때는 입맛에 따라 최고의 맛이라고 항변할 수도 있지만 여기서는 보편타당성을 예로 들었으니 돔이 아닌 것은 잡어로 치자.

그대 앞에 회 한 접시를 놓고 내가 마주앉아 있다. 내가 대접하고 그대는 회를 드시면 된다. 여기서 회를 그대와 나를 동일 공간에서 동일 시간에 서로의 대화로 친밀의 바구니를 짠다고 가정하기로 하자.

바다의 황태자 감성돔이므로 맛이 좋다. 더구나 월척의 감성돔이므로 더 맛도 좋고 회를 뜨고 난 나머지로 매운탕을 끓여내면 '회탕일미' 라고 해서 날고기 먹은 입에 푹 익힌 매운 고기 어울림에 위장은 환락의 도시로 여행하게 될 것이다.

여기서 간과해서 안 될 것은 회 한 접시가 그대와 나를 위한 희생물이 된다. 동기 부여에 따라서 얼마든지 거룩한 희생물인 것이다.

무식했지만 되도록 고난 없이 살고 싶었던 원시인들은 신을 믿으면서 약간 유식해졌으나 편안히 살고 싶은 마음은 여전하여 신의 감흥을 구하고자 싱싱한 처녀를 마녀라고 속여 새알처럼 예쁜 유방이 아깝지도 않은지 죽여 재단에 바쳤기에 처참하고 끔찍하였던 역사가 기록으로 남아 있다.

그 마음이 흘러오는 동안 생사람 바치기에는 차마 미안했는지 죄 없는 양을 대신 바치고 제단에 양 피를 뿌리더니 그마저 아까웠는지 지금은 꽃다발이나 노래와 춤으로 대신하고 있는 실정이다. 여기서 시침을 뗄 수가 없는 것은 축하 꽃다발은 죽어가면서 향기를 무더기로 내뿜을 수밖에 없는데 그게 바로 시체 썩는 냄새인 것이다. 시인이라면 목이 잘린 꽃다발의 화려함만 보지 말고 숨을 거두는 비명소리도 함께 들으라고 권하고 싶다.

맛있는 회를 앞에 놓으면 소주를 잔에 가득 따르는 것은 자연스럽다. 슬며시 취직을 부탁한다든가, 이면 계약을 위한 음흉한 미소로 귀여운 표정을 짓거나, 뜻밖의 거액 봉투를 슬며시 내밀 지경에 이르면 싱싱한 회는 문득 그대와 나를 위한 상관매개물相關 媒介物이 된다.

여기서 눈치 빠른 그대라면 상관매개물이 무슨 뜻이냐고 묻기 전에 이 회가 무슨 고기로 도려낸 회냐고 물을 것이다. 최고급 회인 경우, 대칭으로 된 양쪽 등을 기술적으로 오려내어도 대가리를 자르지 않았기에 돔이 살아 있는 채로 눈알을 굴리는데도 접시에 담겨 있는 경우, 그냥 보아도 무슨 고기인 줄 알겠지마는 어족을 잘 모르는 그대에게는 그 물고기 이름을 불러주어야만 그 물고기 회에게로 손이 가서 시식을 하게 되는 거다.

노루를 사냥한 원시인처럼 유치찬란한 표정으로 모여앉아서 다른 작업 없이 마냥 날고기를 즐긴다면 그것이 곧 식도락이 되겠는데 한편으로는 귀한 시간에 마주앉은 그대와 내가 즐거움을 양산할 여흥이 없어서야 되겠는가. 기분마저 걸쭉하게 익으면 '앉다' 라는 말에 'ㅈ' 자 하나는 뺄 수도 있으니까. 그래서 술이 몸속으로 알딸딸하게 파고드는 거고, 회를 게걸스럽게 씹으면서 서로 흐뭇해지게 된다.

대화는 첨가물로서 필수조건이겠지만 달변은 금상첨화이다. 그대는 회가 워낙 맛이 있으니 회에 대한 궁금증이 있을 수 있고, 회를 대접받고 있는 궁금증도 창궐할 것이다.

문예창작 강의를 하다 보면 언어로 엮은 시가 살아 있는 돔 살을 도려낸 싱싱한 횟감과 같아 즐거운 곤욕을 치를 때가 많다. 어느 정도 깊이 있게 강의를 해야 할지 고민하게 되니 말이다.

자작시인 경우, 시를 둘러싸고 있는 상황까지도 질문으로 물어 오는 경우, 내가 직접 새벽 바다 갯바위에서 낚은 감성돔이라면 출조出釣의 과정을 약간 흥분된 어조로 과장함도 분위기에 도움이 되듯이 시도 하나의 살아 있는 생명체인 것이다.

그러므로 시는 시 속에서 심장과 근육과 혈관을 찾는 것이 올바른 투망임에도 시를 쓰게 된 동기 따위를 질문하는 것은 그대도 내 포인트에 가서 내가 낚은 그대로 감성돔을 낚고야 말겠다는 저의를 드러내는 것이다. 즉, 매운탕까지도 감칠맛나게 먹겠다는 저의 말이다.

모처럼 강사료가 두둑한 문학 강의를 하게 되어 있다. 나를 아끼는 사람들은 진심으로 조언을 한다. 멋진 옷을 사 입고 강의하라고.

회가 돔이고 월척 급에 자연산이면 달빛 아래 방파제에서 먹으나, 금잔디 깔린 고급 일식집에서 먹으나, 임대주택인 우리 아파트에서 대접을 해도 그 맛이 그 맛일 터인데 꼭은 아니라고 힘주어 말씀을 주신다. 같은 꽃이라도 이왕 꺾을 꽃이라면 패랭이보다 장미라고 하면서. 싱싱한 돔이라도 한라산 소주를 곁들이지 않으면 무슨 맛이겠냐며.

개새끼

동물의 세계라는 다큐멘터리를 본다. 자연이 주는 신비와 눈앞에서 변하는 일기를 맛보며 빛나는 화면에 푹 빠진다.

들소 떼들이 계절 따라 새로운 목초지를 찾아 이동한다. 걸어가면서 교미를 하고 서서 새끼를 낳고는 피 냄새가 덜 나게 얼른 태반을 삼킨다. 풀을 먹는 들소가 자신이 만든 육류를 먹을 때는 이때뿐이다.

그리고 맹수에게 쫓기면 무식하게 죽기 살기로 수백 마리, 수천 마리가 달아나느라고 숨을 헐떡거리며 달린다. 시장바닥을 다리가 없는 몸뚱이로 기어가는 장애인을 엿보듯 죄의식이 넘친다.

새끼는 날 때부터 허약한지 얼른 일어서지 못하고 있다. 어미는 곁에서 안타깝다. 축축한 몸뚱이를 혀로 핥아준다. 그래도 비틀거리면 주둥이로 밀어주기도 한다. 그래서 겨우 서서 그 귀여운 꼬리를 앙증스럽게 털면서 기운을 차리는데 사자 무리가 슬금슬금 모여든다. 들소 떼는 우왕좌왕, 허약한 것과 늙은 것과 병든 것과 어린 것을 따로 수용하느라고 사자들은 조직적으로 달린다. 흡사 장거리 계주 선수들 같다. 어미와 새끼도 황야의 먼지를 흠뻑 마시며 힘껏 달리지만 먼지는 구원이 아니다. 그만 무리에서 분리되고 사자들에게 포위되고 말았다. 사자 대 여섯 마리가 어미 소 앞으로 슬슬 다가온다.

저쪽에서 동료들이 달려와서 용감한 척 뿔을 세우고 도전해 보지만 그것은 그냥 억울하다는 화풀이에 불과하여 다시 쫓긴다. 어느덧 어미도 덩달아 쫓기고 말았다. 그 사이 새끼는 사자의 발톱과 이빨에 산산조각 나고 말았다. 그것도 구렛나루가 늠름한 수사자에게 말이다. 교미할 때를 보면 조루증 환자보다도 짧은 주제에게 말이다.

'개새끼…' 나도 모르게 이런 말이 튀어나온다. 남의 일이지만 너무나 억울하다. 태어난 지 하루도 안 된 것을 죽일 거면 왜 태어나게 했는지, 그 무책임은 신에게 드리는 명언이다. 그래도 잠시 생각해보니까 두려운 생각이 들어 어미에게 화풀이하는 것으로 대치한다. 본능도 없더냐고, 이동하지 않는 밤에 무리의 경계를 받으며 살짝 낳으면 오죽 좋았겠냐며. 그런데도 내레이터는 먹이사슬의 균형을 위한 자연 현상이라고 한다.

'지랄허구 자빠졌네.'

한쪽은 죽기 살기로 도망쳐야 하는데 육식동물은 먹잇감이 도망쳐버리면 낭패다. 굶은 새끼들 걱정으로 다시 들소 무리 속을 어슬렁거린다.

먹을 것이 풍족하면 지상 낙원이라고는 하나 게으르고 살이 찌면 오히려 허약해지고, 부지런하지 않으면 굶어 죽게 되어 있으니 먹이 사슬은 오묘하다.

가난 때문에 울 일이 많은데도 내가 울면 덩달아 식구들이 울까 봐 애써 참고 있는데 자수성가하여 재벌이 된 친구는 나보다도 싸구려 옷으로 치장하고 다닌다. 입에는 항상 미소를 지으며. 가끔은 자랑도 한다. 자기는 낮잠을 자고 있어도 돈이 불어나고 있다고, 이자를 말함이다. 거기다가 연금도 달마다 상추 잎처럼 싱싱하게 돋아난다고. 이 지경까지 얼마나 고생했는지 요소마다 곡절마다 조미료를 첨가하였으니 성공담은 감칠맛이 더하다. 그런데 누구를 도와주었다는 말은 한 마디도 없다. 벽돌 하나를 잘못 빼었다가 성이 무너질까 봐 자선의 만용도 욕심으로 보는지 절제함이 겸손하여 거룩하기까지 하다.

맹수도 굶으면 죽는다. 그러므로 가난한 자는 굶기가 쉽다. 갈구하는 자는 애처로워야 한다. 노래를 잘하고 싶으면 울음에 가깝게 목소리를 꾸며라. 꾸미는 기술이 모자라다면 흐느끼듯 노래를 불러보라. 잘 불러지게 되리라. 춤도 배우고 싶으면 배워라. 잘 추고 싶으면 돈 빌리러 갈 때처럼 헝그리 정신으로 배워라. 발이 틀릴 때마다 자존심은 상한다. 나중을 생각하고 참아라.

세상엔 죽여야 할 놈도 있다. 훔쳐 먹은 사과에 맛 들이고 여자를 강간하는 데 맛을 들이고는 상습적 강간에 수십 명을 죽이기까지 한 중죄인을 사형 집행은 복수의 다름이라고 고뇌하고는 용서의 이름으로 천수를 누리게 하면 곤란하지, 나는 들소 새끼가 죽는 꼴도 가슴 아픈데 너의 딸이 그 희생물인 때도 그러하겠느냐, 강아지들아!

하지만 나도 진실 앞에선 자유롭지 못하다. 노동이라도 하면서 열심히 살아보려고 했던 청운의 꿈이 있었다. 몇 개월이었지만 막상 노동판에서 시멘트를 비비고 질통에 지어서 고층을 오르내리니 다리가 후들거리고 얼굴이랑 손발이 트고 지치고 꼴도 말이 아니어서 직업을 바꾸려고 노력한 것이 겨우 시인이라는 타이틀이다. 그때, 중노동을 하면 오래 살지 못할 것을 깨달았다. 얼마나 비겁한가.

고백이지만 사춘기 때, 잘 알지도 못하면서 어머니를 울렸다는 이유로 아버지를 증오하였다. 세상에 태어나게 해 주신 아버지를 통곡하게 한 죄, 벌을 받아 마땅하다. 이순이 되도록 가난을 벗어나진 못했지만, 근본을 깨우칠 수 있게 시심을 격려해 주셨으니 그것만으로도 고마울 따름이다. 나이 들수록 밝혀지는 죄목, 뉘우칠 때마다 내 고향 탑동 바다에 가서 실컷 자탄한다. '개 같은 놈, 여기 있다.' 고.

말똥 철학

어떻게 사는 것이 잘사는 거냐? 이 화두가 새삼스럽다. 젊은 한때, 인생에 대하여 토론을 많이 벌인 적이 있다.

누가 말하기를, 태어날 때부터 노비의 자식이고 꼽추이고 문둥병 환자가 되어 서른도 못 살고 비참하게 죽은 삶과, 태어나기를 재벌 외아들로, 더하여 두뇌마저 명석하여 박사학위를 받음은 물론이고 정계로 나가 국회의원까지 지내면서 여든이 넘도록 부귀영화를 누린 삶 중에서 어느 것이 잘살았냐고 물어왔다. 물론 후자가 잘산 것은 맞되 우선 예비 질문부터 대답을 하라고 다그쳤다.

진정 운명이나 숙명이 있는 거냐고? 그 당시 젊은 나로서는 그냥 운명에만 의지하면 자존이 상할 것 같아서 거시적인 안목으로 보면 서로 똑같은 삶이라고 대답하였다. 무리들은 의아해 했다. 신은 수많은 개미 중에서 어제 죽은 개미나 오늘 죽은 개미나 다 죽은 것으로 치지 어떻게 살다 죽었는지 세분하지 않는다고 말해 주었다.

다시 말하자면 나 아닌 네가 있어 서로 경험이나 만족도가 다름에 대한 편견일 뿐이라면서 거듭 궤변을 정당화시켰다. 내 아픔은 결코 남이 가져갈 수 없다고. 내가 느낀 쾌감이 상대가 있어 같이 느꼈다 할지라도 동질이긴 하지만, 오직 자신만의 체험이라는 거다. 그래서 노비의 비참한 요절이나 재벌의 부귀영화를 선악으로 따지는 자체가 어불성설인 것이다.

어릴 적 할아버지가 들려주신 옛날이야기에는 꼭 두 갈래 길이 나온다. 형은 이쪽으로 가서 어떻게 되었고, 동생은 저쪽으로 가서 어떻게 되었다고 결말을 맺는데 그 속에 깊은 뜻이 숨어 있었다. 객체가 다르기에 환경이 다르고 환경이 다르기에 반응하는 조건이 다르므로 체험도 전혀 다를 수밖에 없다는 것을. 그러니까 다른 만큼 소중함은 같다는 결론을 얻을 수 있었다. 그렇게 자신은 유일하기에 선을 쌓고 있으면 극락에 가리라 믿겠지만 설만들, 죄를 지었으니 지옥엔들 안 보낼까?

그럭저럭 청춘을 낭비한 탓에 나도 예비노인이 되고 말았다. 다시금 반문해 보았다. 어떻게 사는 것이 잘사는 거냐고?

인생의 선배들이 말씀하신다. 환갑이 넘으니 해마다 몸 상태가 다르다고.

환갑 전에는 설만들 그러하겠느냐고 무심코 지나쳤다. 그런데 환갑이 되고 보니 감탄사가 터지도록 딱 들어맞는 느낌이다. 불안한 징조가 보인다.

어쩌다가 머리가 띵하면 슬그머니 겁이 난다. 젊었을 때는 골치가 썩을 만큼 고뇌도 했었는데도. 즐겨 타는 버스가 나를 몇 미터 앞에 두고 곧 출발하려고 한다. 그 몇 미터를 나는 뛰어간다. 급한 김에 뛰어서인지 발목이 삐근하여 뛰는 건지 걷는 건지 힘겹다. 참으로 꼴불견이라 할 것이다.

버스 놓치고 정류장 플라스틱 의자에 앉아서 곰곰이 생각해 본다. 플라스틱 의자는 빨강 노랑 파랑색이다. 빨간색은 손해 볼 것 같고, 노란색은 창피 볼 것 같고 파란색은 어디 아플 것만 같은 생각이 들어 일단 앉았다가 얼른 일어선다. 그리고 다시 생각한다. 빨간색은 빨간색이고 노란색은 노란색이며 파란색은 파란색일 뿐이라고.

고등학교 다닐 때 단축 마라톤 선수였다는 과거가 아쉽고, 척추교정사이기에 관절에 대하여 기본 지식도 있고 운동도 제법 했기에 예비 동작도 없이 버스 탈 생각만 하고 내달렸으니 젊은 발인들 상하지 않겠느냐고 자책하면서 자가용 없음을 반성해 본다.

몸은 해마다 늙어가지만 뇌는 오히려 해마다 발전하는 모양이다. 남들이 무심코 흘리는 말에도 귀한 정보가 있음도 민완 형사처럼 감지하는 능력도 배웠다. 민완敏腕이라는 한자는 민첩한 팔뚝이라는 의미인 것이다.

최근에 나의 화두는 '삶도, 허무도, 아무것도, 아니라는 이야기….' 이다. 여기 네 개의 단락으로 쉼표를 찍은 이유는 신문에 연재

된 시사만화 4컷 짜리에서 따온 것이기에 기억을 돕기 위하여 그냥 차용하였다. 기억으로는 열 살 즈음에 우연히 신문에서 읽었는데 환갑에도 찬란하게 떠오른 기억이다. 나는 지금도 만화 광이다. 삶도 허무도 아무것도 아니라는 이야기를 나에게 전해준 그 만화가는 누구인지 모르는 것조차 새삼스럽다.

사십대 후반에 사업으로 부를 이루었으나 간암으로 세상을 버려야 할 친구가 있어 어쩔 수 없이 작가다운 호기심으로 조심스럽게 심경을 물어 본 적이 있다.

친구가 홀연히 대답하기를, "죽기밖에 더하겠어."였다. 그리고는 나를 위해서인지 십억을 줄 테니 1년을 팔라고 하였다. 물론 팔고 싶은 마음은 빌딩 같았다. 개똥은 사람 똥과 비슷하니 구린내를 풍긴다. 말똥은 풀잎이라서 말똥버섯도 자란다. 어떻게 사는 것이 잘사는 것이냐? 질은 접고 양을 따지자. 오래 사는 것이 잘사는 거다. 그렇다고 사를 싸로 보지는 말 것.

추억으로 가는 비극

네가 서울에 가겠다는 고집은 서울을 꿈꾸고 있다는 거야. 서울에 가서 무엇을 하겠다는 마음이 넘침이지. 마음이 넘치면 실행하게 되어 있어. 어떤 형태로든 보여주고 싶은 것이 인지상정이야. 침묵을 그 나무의 가지라고 하면 말없음표나 말줄임표는 잔잔히 흔들리는 나뭇잎이야.

서울로 가는 것은 서울에 있는 누군가를 만나러 가는 길이니까 알면서는 쉽게 보내줄 수가 없는 거지. 나를 사랑한다고 하면서 어찌 눈물겨운 추억이 창밖 눈보라만큼이나 귀를 막아도 흐느끼듯 들리는 옛사랑의 서울을 기어이 가고자 하는 마음의 상처는 무엇이란 말인가?

정이 많아서 눈매가 서글서글한 내 사랑, 저 눈매가 나를 꼬였으되 나를 알기 이전에는 다른 남자를 꼬였을 것이므로 나 또한 다른 눈동자가 나를 꼬여주기를 간절히 바라서 희미하게나마 옛 눈동자를 간직하고 있기는 하다. 그렇지만 그대 마음을 속이면서까지 무작정 상경하겠다는 그런 용기나 미련은 없다. 조심해야 할 일은 옛사랑은 그 옛날로 달라졌으니 엄청나게 망가져 있다는 예상을 해야 한다.

사랑이 휩쓸고 간 자리에 그리움이 돋아나서 한숨으로 물안개를 피워 올린다 한들 미련을 보상받아버리면 다시 마약에 손을 댄 것과 같으므로 현재의 안일을 버릴 각오를 해야 한다. 그래서 미련은 미련한 것이다.

혹여 나에게도 과거의 여자가 다시 찾는다면 현재의 그대가 있음에도 은밀히 만나고 못다 한 불꽃을 문질러 끄고는 조심히 가라고 작별의 손을 흔들면 얼마나 좋을까마는 그대가 이런 내 마음의 행로를 목격한다면 지독한 배신감에 창자가 뒤틀리는 고통으로 신음하게 될 것이다.

생생한 추억은 싱싱하긴 하다. 그때는 이별이 최선이었으니까 그러했다면서 그때의 마음에 새로운 마음까지 동원하여 애틋한 요염마저 베풀었다 한들 재회는 아슬아슬한 모험이기에 그동안의 결별에 대한 보상과 고통을 감수해야 하는 것이 일반적인 예이다.

물론 돌아온 여인을 처음에는 무척 반긴다. 차츰 덜 반가워지면서 남자는 난폭해지게 되어 있다. 그래도 그리움에 비하면 참아야 한다면서, 오죽하면 나 때문에 거친 성격으로 변했다고 오히려 더 잘해주고 싶어하는 그 마음을 현재의 남자인 나는 잘 알고 있기에 3, 4년

후엔 형편없이 미워진 그대의 꼬락서니를 멀리서나마 슬며시 바라볼 나로서는 이 상황이 무척 두렵다.

그래도 서울로 행차하면 나도 어디론가 떠나야겠지.

마땅히 갈 곳이 없으면 옛사랑에게 전화 한 통 고요히 보내보련다. 그대처럼 뜻밖에 옛사랑인 나를 그리워하고 있는지 어찌 알겠는가.

대화가 많은 그대, 처음부터 그대를 알아보았지. 참으로 정이 많은 여인이라는 것을. 꽃도 뿌리에 숨어 있지 못하기에 허공에 피는 마음의 표현이라는 것을.

오죽하면 눈보라 휘날리는 이 강산을 넘어 서울에서 제주도까지 옛사랑의 입김이 전화를 타고 오겠느냐고, 아예 앉아서 기다리느니 서울로 찾아가겠다는 열정이야 어찌 난들 막을 수 있으랴. 주관적으로 생각하면 나만 병신이나 다름없기에 남몰래 울어야 하겠지만 객관적으로 생각하면 만리장성을 쌓는 일에 노예로 살고 있는 옛사랑의 그 눈물겨운 품에 안기겠다는 갸륵한 마음을 높이 사고 싶긴 하다. 이렇게 주관적인 판단과 객관적인 사실이 다르니 세상은 요지경이고 남과 상관없는 비행은 오히려 밋밋한 진실보다 더욱 감칠맛이 나는가.

부득불, 서울 가겠다고 하면, 보내드려야 하겠지. 보내긴 하되 객관적인 마음으로 보내야 하겠지. 어쩌면 나더러 객관적인 사람이 되어 달라고 암시하는 여행은 아닐까?

아닐 것이다. 내가 스스로 객관적이 되어야 한다. 먼저 배신을 하지 않는다는 것이 자신의 사랑의 법칙이라 했으니 거룩한 사랑의 법칙을 더럽혀서는 안 되겠지.

내가 미운 짓을 하고 버림받을 짓을 해도 웃으면서 안녕할 수 있기를 바란다면 그렇게 해야 하리라.

자기는 자유를 무척 즐기는 여인이라고 하고 있다. 마음이 내키지 않으면 혈육도 몰라본다고 하고 있다. 또한 마음이 내키면 결행한다고 하고 있다.

이 엄동설한에 가지 말라는, 가서는 안 된다는 내 말을 뿌리칠 만큼 나를 내동댕이친다는 생각에 서둘러 넋두리를 마쳐야 할 것 같은데 분명 해주고 싶은 말은 해야겠다.

그 사람을 만나러 서울은 절대로 가지 마라. 그 사람에 관한 이야기는 내가 이미 그대로부터 들었으니 결코 그대를 이용하고는 배신할 확률이 절대적이다. 사족이지만 내가 준 미운 구석도 값진 경험이므로 부디 새로운 남자를 만나라. 하지만 지금은 구제역 방제를 위하여 날아오는 철새도 막아야 할 때.

새벽 한 시

새벽 한 시, 인적이 없는 산속에선 귀신이 돌아다니는 시간대이다. 인적이 드문 거리엔 제주어로 귓것들이 돌아다니는 시간이다. 잡귀들이 아니라면 취객이 비틀거리는 풍경을 연출하는 시간이다. 값나가는 시를 쓰고 싶은데 값나가는 시를 쓰지 못하고 있다. 시를 안 써도 편안하게 살 수는 없을까? 어쩐지 나만 보면 미워 죽겠다는 얄미운 사람이 있으니 엉뚱하게도 나만 보면 사랑하고 싶어 미칠 지경에 이른다는 여인도 있을 것이다.

돈은 많이 벌었으나 쓸 곳이 없던 차에 내 눈과 마주치고 나서는 마음이 바뀌고 말았다는 꿈 같은 이야기가 꿈 같은 현실이 되기를.

옥상으로 나가자. 거기서 밤하늘을 만나자. 두 손을 하늘 높이 올려보자. 신령스러운 기운을 받게 될 것인가. 그리하여 신령스러운 기운을 지니게 되어 비싼 시를 쓰게 될 것인가.

하복부엔 치마를 입자. 땅의 기운까지 받으면 더 좋겠지. 여긴 15층 옥상인데 어찌 치마를 입었다고 땅의 기운을 받을 수 있단 말인가. 에잇, 홀랑 벗어버리자. 온몸으로 맨몸으로 천지의 기운을 받자. 그리고 전능하신 심령술사가 되자. 상상이긴 하지만 두려움이 그윽한 깊은 밤에 옥상에서 옷을 홀랑 벗고 두 팔을 높이 들고 있으니 이런 꼴불견이 말이 아니다.

몸에 털이 거의 없으니 이건 인간이 퇴화한 거냐, 진화한 거냐? 밤바람이 차갑다. 춥다. 재채기가 연발로 나온다. 미친놈!

여기는 15층 아파트 옥상이다. 우리 집은 12층이다. 15층 구조가 수직으로 똑같이 되어 있어 침실은 다 수직으로 침실이고 화장실도 다 수직으로 화장실이다. 단면을 오려내어 눈여겨보면 화장실에 앉은 모습도 토끼장에 사는 집토끼들처럼 똑같다고 표현함이 안 불편할 것이다. 그런데도 우리 집엔 수맥이 흐른다고 땅의 기운을 아는 사람은 당당하게 말을 한다. 희한하게 생긴 쇠막대기를 양손에 쥐고 슬슬 걸어 다니면 그 막대기가 절로 끌어당겨 붙는 그 시점이 생긴 곳이 수맥이 흐르는 곳이라는 거다. 물론 땅이 위대하니까 100층이 넘는 빌딩도 땅을 의지하고 서 있는 거, 또한 하늘이 거룩하리만치 높고 깊고 드넓어 공간으로 비워주니까 그 빌딩이 제대로 부피를 지니는 것이다.

돌 없는 땅이 없듯이 물 없는 땅도 없는 것이다. 구름 없는 하늘이 없듯이 비가 안 쏟아지는 하늘도 없는 것이다. 물론, 부분적으로나,

한시적으로 보면 물 없는 땅도 있기는 하다. 그곳을 선호하여 명당이라고 하는 편협한 행복 추구, 후손을 잘되게 하려고 기꺼이 마른 땅에 들어가서 썩어도 곱게 썩기를 바라야 하는데 죽어서까지 의무와 임무를 완수해야 하는 가련한 영혼이여. 그래서 귀신이 있는 거지. 깊은 밤에도 후손들이 잘살고들 있는지 인적이 끊긴 밤거리를 기웃거리는 거지. 사람의 심리란 다양해도 생각을 더해 보면 모두 같은 이유에서 동일하다. 무슨 말인고 궁금해 할 것이니 구체적으로 보여줘야겠지.

소풍을 갔을 때 자유시간이 주어지면 저마다 앉고 싶어지는 곳이 있다. 전망이나 풍경이 좋은 곳을 고르거나 들꽃이 아름답게 피어 있는 곳이나, 햇살이 뜨겁지 않은 나무 그늘을 선호한다면 그런 곳으로 찾아들거나. 하여간에 남녀 미팅도 서로 끌리는 눈길은 있게 마련이다. 유독 그곳이나 그 사람에게 호감이 간다는 것은 무엇 때문일까.

'내 몸의 대추' 라는 명언 때문이다. 다시 말하면 내가 원하는 곳이 나를 편안하게 해 주는 곳이므로 내가 살기에 좋은 곳이라는 결론이 나온다. 또한 내가 살기 편해야 내 목숨도 편안해서 오래 살게 되니까. 결국 목숨이 귀하기 때문에 벌어지는 현상인 것이다. 이쯤에서 저절로 웃음이 나오네. 미친놈. 볼수록 미운 사람과 살고 있는 사람은 엄청 곤란하겠네. 감옥에 갇힌 사람도 그 못지않게 힘들겠구먼. 물론 힘이 들지. 힘들라고 괴로우라고 감옥에 가둔 것 아닌가.

그렇다면 숙명적으로 원수 같은 놈과 살아야 한다면 어찌하면 좋을까? 그냥 자살은 할 수 없고 단명하고 말 것인가? 아니다. 방어기제가 있는 것이다. 가난한 자가 꿈으로나마 잘사는 꿈을 풍요롭게 꾸듯이, 어렵쇼, 원수 같은 사이가 점점 적응해 가는구나. 왜? 적응하지 않으면 아까운 목숨 빨리 버리게 되니까. 그래서 싸워야 할 부부들이, 이혼해야 할 부부들이 참으로 눈물겹게 정답게 살고 있는 것이다. 이미 적응이 잘된 부부들은 제외하고.

내 시집들 중에 「푸른 까마귀의 노래」라는 제목이 있다. 이것도 '푸른까마귀' 라고 붙여서 쓸까, '푸른 까마귀' 라고 띄어서 쓸까 고민하다가 띄어서 쓰기로 합의하였다. 시를 쓴 나와 시를 읽는 나에게.

수수억 마리 새까만 까마귀 중에 푸른색을 띤 까마귀 한 마리라도 있었으면 해서이다. 왜냐하면 수수억이 넘도록 죽은 사람 중에 한 사람이라도 살아나서 저승 소식을 논픽션으로 듣고 싶은 소망이 크기 때문이다. 아마도 죽은 사람이 절대 살아나지 못하도록 정해진 것은 우주의 질서를 유지하기 위한 법칙 탓이리라.

한편으로는 이미 죽었으면 깨끗하게 죽음에 적응해야만 죽었다고 인증받기 때문인가. 힘든 세상 살려고 험한 꼴을 안 보게 되었으니 그 또한 멋진 안식일 터이다.

적응을 위하여 더 겸손하게 살자. 적응을 위하여 조금만 미워하며 살자. 적응을 위하기엔 부끄러운 가난이지만 추운 방에서나마 겨울을 잘 견디자.

지금은 2011년 12월 5일 새벽 3시. 육체가 없는 귀신들도 적응을 위하여 밤공기처럼 차갑게 산속을 배회하다가 어디론가 돌아가리라. 적응을 위하여 다시 날씨가 울적하거나 음산하면 흐느낌 감추고 부지런히 나타나리라. 울적한 기후는 인간으로 살 때 느꼈던 고독이고, 음산한 기후는 귀신이 된 현재의 배경이다. 그러나 저러나 나는 피곤하니까 아직은 오래 살고픈 소망을 위하여 어서 잠을 청해야 하리라.

4장

일확천금 독수리

가파도 문학 답사기

유난을 떨며 가파도에 갔다왔다. 청보리 물결이 넘실거린다는 가파도로 문학 기행을 나선 길이다. 서귀포 문인협회가 주관하는 행사에 동행했는데 마침 나의 13번째 시집을 참가자들에게 배부하기로 약속되어 있어 발간 축하도 받아야 하기에 점잖게 웃음을 띠며 유람선에 승선했다.

남들은 가파도로 향하는 갑판 위에서 멀어지는 산방산의 절경과 하얗게 부서지는 뱃길 포말을 바라보면서 사진을 찍거나, 순도 99%의 바닷바람에 옷깃을 휘날리며 추억을 장만하느라고 말없음표마저도 무척 낭만적일 것임에도 불구하고 나는 졸음을 못 이겨 선내 침실로 들어가서 급한 대로 구명 조끼를 베개삼아 쏟아지는 잠을 우는 아이 달래듯 토닥이며 청했다.

오늘은 2010년 5월 5일, 어린이의 날. 어른인 내가 깊은 잠결에 기웃거리는데도 불구하고 아이들은 술래잡기 놀이하느라고 모로 누운 내 위로 넘어 다니기도 하면서 소란을 떨어도 개의치 않고 그냥 잤다. 가파도 닿는 데 20분이 소요된단다. 철야를 한 내 몰골에 20분 숙면 휴식은 얼마나 소중한가, 정말 귀중하다 할 것이다.

잠결인가 아이들의 뛰노는 소리는 없는데 유람선의 기계 소리는 여전히 우렁차게 들린다. 잠결이지만 이제 도착할 시각이 되었다고 퍼뜩 눈을 뜨고 선실 창을 내다보았다. 어쩐지 분위기가 심상치 않았다. 그래도 아까까지는 고추냉이 씹은 얼굴에서 잘 익은 한라봉을 먹는 표정으로 선실을 나와서 두리번거렸더니 어렵소! 그냥 모슬포 항구 매표소가 저기 보인다.

유람선 관계자들이 로프를 걸고 짐을 정리하다가 뻘쭘하게 서 있는 나를 보더니,

"당신, 뭐요?" 한다.

이 질문은 대화체가 아닌 문학체로 사용한다면 '당신, 누구요?' 라고 물어야 하며, 나 또한 대답을 '나, 사람이요.' 해야 온당하건만,

"나, 가파도로 가야 하는데…"

대화는 어법이 틀려도 뜻이 통하면 되는 거다.

아무튼, 승선표 한 장으로 가파도까지 갔다가 내리지 않고 잠에 빠져서 혼자 귀항한 것이다. 어이없기는 그들이나 나도 마찬가지였지만 슬며시 핸드폰을 열고 시각을 확인하였더니 무려 한 시간이나 꿀잠을 잔 것이었다.

실종된 것은 아니니까 해프닝으로 간주하고 다시 표를 사는 선에서 마무리하였다. 그래도 창피한 마음은 어쩔 수 없었다.

문인들은 잘 차려진 식단 앞에서 서로 근황을 주고받으며 시낭송도 하고 있을 것이다. 쌀은 육지에서, 막걸리나 순한 소주는 제주도 본토에서 들여오고 다른 것은 전부 가파도 산인 무공해 먹을거리일 것이다.

10시 20분에 가파도에 있어야 할 내가 12시에 출발하는 유람선을 기다리는 처지가 되었다. 여러 가지 생각이 감춰둔 오메기술처럼 무르익는다.

지난 2006년은 '제주방문의 해'. 그때 나는 제주어로 「요보록 소보록」과 「어글락 다글락」 시집을 발간해서 제법 이름이 알려졌다. 모 방송국에서 일요스페셜 특집으로 「제주어는 살아 있다」에 출연을 하였다. 다른 유명한 분들은 자기 서재에 앉아서 발언하는 형식으로 출연하였지만 나는 특집 장소로 정해진 가파도 현장을 답사하는 모습으로 연출해야 하기에 연출가 몇 사람과 촬영기기와 나를 싣고 전세 낸 유람선을 타고 가파도를 찾았었다.

그런 유별난 추억이 서려 있는 가파도를 간 줄도 모르고 돌아왔다니…

나도 모르게 남들 모르라고 선글라스를 찾아 썼다. 그렇다고 내가 달라질까? 어느 완고한 양반집 어른이 먼 조카뻘 되는 사람 결혼식에 참석했다가 신부의 눈매를 유심히 엿보고는 며칠이 지난 후에 기별을 보내어 신랑신부를 앉혀 놓고는 신부더러 '너는 눈에 도화살이 우렁차니 이참부터 아침에 눈을 뜨걸랑 선글라스를 쓰고 거울 한 번 보고 그날의 일을 시작하라.' 고 덕담 겸, 경고를 하였던 바, 지금은 아들 낳고 딸도 낳아 잘살고 있다고 누군가가 전해준 말도 기억난다.

하여간에 금년은 문학의 전성기로 스스로 결정하고 제주어로 쓴 제주도 정신과 정서를 위한 산문을 내리라고 이미 광고료까지 지원 약속이 된 상태라 심호흡하느라고 정신적 휴식을 위한 취미 바둑이 땀 흘려 성실히 일해야 하는 사무실을 PC방인 양 착각하여 철야하고 말아 이 지경에 이른 것이다.

이번엔 갑판 위에서 날렵하게 바람 타는 갈매기를 바라보며 가파도에 내렸다. 문인들이 한 마디씩 거든다. 워낙 유별난 시인인지라 내 시집 제목 「사랑했다 썅」이고 뭐고 급한 일로 내리지도 않고 돌아간줄 알았다고 웃었다. 아침도 빵 한 조각 먹고 굶다시피 한 상태라 전복, 소라, 성게, 싱싱한 회를 얼큰하고도 시원한 매운탕으로 밥도 한 그릇 더 먹었다.

어느덧 회복된 컨디션으로 오후 2시 15분에 귀항하는 유람선에 다시 승선했으므로 답사라는 말은 얼토당토않지만 햇살 눈부신 날을 잡아서 함께 가파도에 가고픈 사람에게 전화를 걸었다. 가파도는 파도소리도 원시 그대로라고.

고독의 푸른곰팡이

살다 보면 알게 되는 것이 있다. 버린다는 의미라든지, 잊는다든지, '사랑하며 포기하며' 라고 단순히 단어만 나열했는데도 콧등이 시큰거릴 만큼 가슴에 맺히는 것들이 있다. 그것은 고독도 깊어지니까 넘쳐난다는 사실이다. 고독은 대체적으로 고요함을 동반하고 홀로 있기를 마다하지 않기에 쉽게 밖으로 새어나가지는 않지만 맑아야 할 창이 흐릿하면 뿌연 안개에 가려진 방처럼 안에 무엇인가 가득 차 있는 예감을 준다.

넘쳐나는 고독을 이성에 대한 간절함으로 나타나는 현상이라고 가정해 보겠다. 연인이 없는 사람의 뒷모습은 어쩐지 쓸쓸하다. 거울에 비친 그림자나 웃는 모습조차도 어쩐지 엉성한 느낌이 든다. 그 어떤 이유에서 비롯되던 간에 사람은 고독하고 고독은 외로움을 키우는 마음의 독毒이기에 옆구리를 지켜줄 연인이 있어야 함을 원칙으로 삼고 있는 것이다.

간절함이 어느 지경에 이르면 투명해지기 시작한다고 한다. 안을 훤히 들여다볼 수 있게. 투명한 것은 대체적으로 솔직하고 아름답다고 보아진다. 속을 들추고 있으니까.

그래서 '향원익청香遠益清'이라는 말처럼 향기는 멀리 갈수록 더 맑다고 하여 그리운 사람은 멀리 갈수록 더 눈부시게 떠오른다.

아무튼 투명한 것은 투명함 그대로 전부인 것이고 절대적인 것이기에 차갑게 느껴질 수도 있다. 여기서 차갑다는 말은 뜨겁지 않기에 차갑다는 의미이지 그 사물에 대한 속성이 차갑다는 의미는 아니다.

달을 예로 들어보겠다. 달은 발광체가 아니고 피사체이기에 열이 없다고 보는 것이 지혜롭다. 그러나 달이 차갑게 느껴지는 것은 우리가 지니고 있는 상온 때문이기도 하다. 우리는 예상외의 뜨거움 때문에 화들짝 놀라기도 하지만 예상외의 차가움에도 가슴이 아파지는 것은 불 꺼진 창처럼 적막이라든가 무관심, 또는 죽음의 그림자를 느끼기 때문이라고도 말할 수 있다. 냉혈이나 결빙은 혼을 잃어버린 육체, 혹은 육체를 잃어버린 영혼을 만난 느낌을 떨칠 수 없기 때문인 것이다. 눈 가리고 뱀을 만질 때와 같다고 할까.

속이 보인다는 것은 비운다는 의미의 실천이다. 비웠으니까 온전히 현재를 만난다는 뜻이다. 아무것도 남아 있지 않은 현재, 아니면 아직 아무것도 없는 현재 앞에서 나의 고독은 절실하고 절박하다. 그 절대적인 고독 속에 지혜가 싹튼다는 말이 성립되는 것이다. 나인 경우 그토록 심오한 경지가 아니고 이성에 대한 그리움일지라도 고독이 깊어지면 고독 자체가 푸른곰팡이를 키우게 된다고 믿는다.

연인이 없다거나 애인을 잃었다는 것은 그만큼 비어 있다는 뜻, 비어 있는 만큼 투명하다는 뜻, 투명한 만큼 차갑다는 뜻, 차가운 만큼 뜨거움이 절실하다는 뜻. 그래서 고독이라는 눈빛은 얼음처럼 맑아 더욱 깊어지고 음성마저 걸림이 없기에 수정처럼 곱다. 맑고 깊고 그윽하기에 호소력이 상당한 것이다. 황금 거미줄보다 더 질긴 것이다.

상온 생명체의 열의 손실은 죽음의 그림자를 드리운다. 차가움은 마음의 상처인 것이다. 사자나 치타, 하이에나 이런 맹수들도 어리거나 늙은 짐승을 먹잇감으로 삼는 것을 우선한다. 그 중에서도 상처입은 대상을 최우선으로 한다. 한결 잡아 잡수기 쉬우니까. 그러므로 고독은 비극이 감도는 마음의 상황이기도 하다. 상처는 아픔을 부르고 아픔은 애절함을 부르고 애절함은 도덕적 마비를 일으키게도 한다. 그래서인지 희한하게도 고독이 절절한 사람은 돋보이기에 상대의 표적이 되기가 쉽다.

그러나 고독이나 상처는 악마만 유혹하지는 않는다. 신의 자비도 갈구한다. 우리가 깨끗한 양을 상처입히고 피를 뿌리며 제단에 바치는 것은 신의 감흥을 원하기 때문인 것이다. 하여 스스로 제물이 되는 절체절명絕體絕命의 위기에서 고독은 신의 영역에 발을 들여놓게 된다. 즉, 내가 세월을 원했듯이 세월이 나를 도구로 부릴 때가 온다는 것이다.

그토록 고독은 스스로 치유되고자 부단히 노력하기에 아름다운 것이다. 비록 고독을 느끼는 동안은 아픔이라는 상처가 아직도 남아 있어 두렵기도 하지만 마음을 비울수록 속이 순수하기에, 순수함이 거듭될수록 얼마든지 새로울 수 있기에, 거듭날수록 새로운 세상을 만날 수 있기에 고독은 늘 푸른곰팡이를 키우는 것이다. 비록 늘 푸른곰팡이가 푸른곰팡이로 죽는다 해도 그 사람 이름은 잊었지만 그 입술은 내 가슴에 남아 있다고 기억하는 한 고독은 지혜의 얼음 궁전이다.

고독은 세월에 기대어 허공을 흐르는 미지의 공간이다. 내가 꿈꾸는 것, 나 이외의 것으로부터 내가 형성되는 것, 아직은 원만히 이루어진 것 없어 허망하기 그지없지만 고독이 깊어지면 깊어질수록 스스로 영토를 확장하기에 그토록 커지고 깊어질수록 신비로운 공간이 새로 생기는 거다. 얼음 궁전 속의 푸른곰팡이 하나하나가 천연보석이 되어 빛이 난다. 빈곤이 오히려 나를 겸손하게 하였듯이 내 시詩는 내가 뜨거운 침묵으로 캐낸 푸른곰팡이의 화석이다. 그렇다. 절대고독은 불사조의 몸부림을 수용한다.

2080

20세에 뜻을 세워 80세까지 우려먹어라.

20세에 예술을 단련하고 80세에 명예를 전시하라. 20대 80은 정말 희한한 비율이다. 가르마를 탈 때도 20대 80은 아슬아슬한 멋을 부여해 준다. 거의 완성된 듯한, 안타까운 멋 말이다. 풍요가 한쪽으로 쏠린 듯 꼭 뭐라고 이야기하고 싶은. 경제구조를 살펴보면 상류층 중산층 하류층, 극하류층으로 나눌 수 있는데 상류층과 하류층은 20대 80이다. 그 상류층 20에서 다시 20%인 4명이 절대적이고 세계적인 재벌이고, 16명은 정말 상류층이다. 또한 80% 하류층에서 20%인 16명은 노숙자와 비슷한 거지들이고, 64명이 살기 빡빡한 하류층이다.

그러니까 극상류층 4명이 세계 경제를 좌지우지하고, 그냥 상류층이 성공담을 들려주며, 웃으면 복이 온다며 너그럽게 살고 있는 것이고, 하류층은 고진감래苦盡甘來라는 슬로건 아래 성실만이, 진실만이, 땀만이 내일로 가는 쌍무지개 뜨는 언덕이라며 열심히 노력하면서 살게 된다. 이제 세상에 짐이나 다름없는 극하류층은 신문지 한 장과 골판지 한 장의 두께의 차이를 알면서도 포기한 채 눈 내리는 길에서 피 흘리는 자살특공대처럼 신음하다가 장렬히 동사하기도 하는 것이다. 식당개업도 20대 80이다. 여기서 식당을 말함은 모든 사업을 의미한다. 다시 말하면, 100곳의 개업 식당 중에서 80%가 망하고 20%만이 살아남는다는 것이다.

그 중에 4%만이 호황을 누리며 어떤 중소기업 못지않게 빌딩도 지으며 휘황찬란하게 체인점까지 두면서 부를 누리게 된다는 것이다. 또한 16%는 그런대로 운영할 만하여 친족 집에 대소사가 있어도 불참했지만 부조만 잘 보내면 그냥 이해를 받는 수준은 된다. 64%는 서서히 죽어가는 장기 복역수처럼 버는 것도 없이 원전만 슬슬 까먹다가 또한 발버둥치다가, 서로 인계하고 메뉴를 바꾸어서 장사하다가 폐업이라는 망할 놈의 수순을 밟게 되는 것이다.

최후의 마지노선인 16%는 삶에 대한 의욕이 저하되고, 몸마저 영양실조가 지극하여 어디 가서 강도짓도 하기 힘든 지경에 이르게 된다. 왜냐하면 도둑질도 기십이 있어야 한다. 여기서 기십이란 말은 제주어로서 기운 북돋아줌과 같은 말이다. 세계의 경제적 흐름이나 정치 이데올로기 정세에 관계없이 100명 중 극상위는 자국에서 전쟁이 일어나도 거의 끄떡없는 편에 속한다. 전용비행기까지 있으며, 친위대가 있고 명명국가도 정해져 있고, 스위스엔가 국제 은행에도 예금하고 있고, 국제적인 보험에도 가입되어 있으므로 굴지의 보험회사에서조차 보호하고 있기 때문이고, 더욱 중요한 것은 자국에서도 중요한 인물이기에 한편으로는 지대공 미사일을 지대공 미사일로 맞받아 무한 허공에 불꽃을 날리면서도 극재벌을 보호하기 때문이다. 당연히 극빈층인 16명이 등한시되는 것은 사세부득인 것이다. 그렇게 되면 중상류층인 16명과 중하류층인 64명은 어떻게 되는가. 정말 답답하네, 어떻게 되냐 하면 그들이 전쟁터에서 우왕좌왕한다는 말이다. 즉, 현장에 있을 수 있는 확률이 가장 높기 때문에 그들을 표준삼아 전쟁의 승부 데이터를 작성하는 것이다. 전쟁을 예로 든 이유는 극상류와 극하류를 뺀 80%가 세상을 꾸며가고 있다는 말을 나는 힘주어 하고 싶은 것이다.

경찰서도 이 집단을 중심으로 활용되며 교도소 역시 그러하며, 법원 등기나 차용증 작성이나 사랑이니, 이별이니, 아쉬움이나, 안타까움이 유행가로 불러지는 것도 여기서 비롯되고 여기서 마감하고 대마디처럼 또 뻗어나가는 것이다. 학창 시절을 예로 들어보면 성적 순위 4등 안에 들면 사이렌 소리가 나면서 수업시간이 끝나서 10분간 휴식 시간에도 요실금 하는 노파처럼 조심스럽게 갔다 와서는 그 두꺼운 영어콘사이스를 부지런히 들여다보게 된다. 성적 순위가 극하류층이나 다름없어 뒤에서부터 세어야 편안한 학생인 나에게는 그 우등생들의 태도로 보아 거의 깡패로 알아 모시는 것 같은 기분이 드는 것도 사실이고, 강제로 빵을 사게 하여 마주 앉아서 능글거리며 실컷 먹은 적도 있기는 하다. 물론 학업성적이 형편없으니 나중에 사회에 나가서 고생한다는 각오는 했지만, 환경이 그러했고, 주변 여건이 그러했으며 아울러 가난한 부모님의 염려로 사세부득이 겨우 고등학교 졸업만 하였기에 오늘날, 극빈자 신세는 아직 아닌 채 가난에 허덕이고 있는 것이다.

여기서 더 추락하면 가난에 헐떡거리다가 횡사에 가까운 비극을 맞이하게 되어 있다. 그나마 착한 아내를 얻은 덕분으로, 못난 애비이지만 '애비는 애비다.' 라는 천륜으로 느긋하게 시를 쓰면서 환갑을 넘기고 있는 작금이다.

내 시가 1,000편이므로 그 중에 상위급 20%인 200편은 그런대로 읽을 만하고, 그 200편 중에서 4%인 극상위인 8편은 불후의 명작이 되는 것이다. 이 얼마나 대단한 발상인가!

마음속으로 고대광실을 짓고 있는 나의 철딱서니를 우습게 본다면 평생 가도 나를 도와주지 않을 극재벌이나 다름없이 무관한 사이임을 스스로 깨닫기 바란다. 모 제약회사 치약 선전 문구처럼 20세에 완성된 강한 치아, 80세까지 온전히 지니고 틀니 없이 닭다리까지 씹는 깊은 맛을 누리리라고. 학창 시절 기초공부가 소홀했으므로 문장력 구성이 엉성함도 감안하시길.

겸손하면 약간 불편하다

옛날의 내가 아니다. 없던 것이 많았던, 몰랐던 것이 많았던 내가 아니다. 소작인도 옛날의 그가 아니다. 나보다 더 없고 나보다 더 몰랐던 그가 아니다.

소작인은 동네 어귀에 있는 토담집에 살았고 10년 넘게 우리 논을 붙여먹고 살았다. 나는 마을에서 제일가는 부자다. 소작인은 흉년이 들어 소출이 적으면 미안하고 죄송스런 걸음으로 찾아와서는 공손하게 내년의 양식을 부탁하곤 하였다. 다른 사람에게 소작을 맡길 생각이 없었기에 늘 그 부탁을 들어주었다. 그렇게 우리는 사이좋게 지냈는데 소작인의 속은 그게 아닌 모양이다.

이것은 나만 아는 비밀로 우리 논에 이상한 물고기가 살고 있다. 물고랑이 깊은 개흙 속에 숨어 있어 개미가 들락거릴 정도의 숨구멍만 보일 뿐이라서 소작인도 용케 모른다. 그 물고기는 정력에 좋은 장어 과속이라 삶아서 먹고 남은 뼈는 갉아서 상처난 피부에 붙이면 직방으로 낫는다.

대신 이 물고기에게 물리면 물린 다리엔 신경마비 증세가 온다. 허지만 밤이 깊어지기 전에는 활동을 하지 않아 사람이 물릴 확률은 거의 없기에 숨기고 있는데 산란하고 난 장어 암컷들을 슬그머니 잡아다가 고와서 가루를 내고 환으로 만들어 쉬쉬하면서 남에게 고가로 팔아왔다. 먹으면 정력제이고 바르면 피부병에 특효약이니 오늘날 내가 이만큼 사는 것도 그 물고기 덕분이다.

그 물고기를 잡으려면 보름달이 뜬 밤에 논에 있는 물을 어느 정도 빼고 물길을 막아놓아야 한다. 개흙을 파내어 그놈의 꼬리를 붙잡고 잡아내려고 하다 보면 본의 아니게 모를 짓밟게 되고 주변은 벌집 쑤셔 놓은 것처럼 엉망진창이 된다. 용의주도하게 물고기들을 다듬고 숨겨놓느라고 늦잠을 아니 잘 수가 없다.

논을 보러 왔던 소작인은 가진 자의 심술인 줄로만 알고 속으로는 없는 설움에 빌어먹는 괄시라며 이를 갈지만 어쩔 수 없다. 소작인이니까. 가끔 가다가 덤도 잘 받았으니까.

허나 소작인이 그곳을 종일 정비하다가 저물녘에 그만 물고기에게 물리고 말았다. 이튿날 고열로 신음하는 소작인에게 그 약을 먹이고 낫게 하였으나 이 증상은 오 년 동안 잠복되었다가 나타나는 질병이기에 나는 평생 동안 소작인과 함께 논농사를 지어야 함을 감지하였다.

몇 해 지나지 않아 태풍으로 소작인의 토담집이 맥없이 무너지고 말았다. 집을 새로 지을 돈이 없어 나에게 돈을 빌리러 왔다. 나는 돈을 빌려주긴 하되 복종심도 키울 겸, 서로 죽는 날까지 지주와 소작인으로 산다는 서약서를 쓰지 않으면 돈을 빌려줄 수가 없다고 사뭇 난처한 태도를 취했다. 이참에 소작인을 위한 배려도 하는 셈이니까.

똥마려운 자가 바지를 내리는 법, 소작인은 더욱 태도를 낮추고 조심스런 말투로 액수를 불렀고 나는 감질나게 헛기침 두어 번 한 다음에 돈을 빌려 주었다.

그런데 집을 새로 짓느라고 땅을 판 곳에 엉뚱하게도 고려청자가 몇 점이 나오고 말았다. 감정하느라고 군청에 바쳤고 도에서 유물로 인정되어 소작인은 엄청난 보상을 받았다. 하루아침에 떵떵거리며 살게 된 소작인.

그 후로는 돈 심부름하느라고 바쁜지 보기가 힘들었다. 중요한 사안이 있다고 전갈을 보냈더니 인상을 쓰면서 나타났고, 지주인 나에게 돈을 갚으면서 코를 실룩거리더니 새 옷을 찢듯 서약서를 찢었다.

여기까지는 나도 사람인지라 기꺼이 이해했다. 그런데 내가 이장으로 재추대를 받으려는데 돈의 위세를 믿고 소작인이 후보자로 나섰다. 국물을 얻어먹으려는 간신들의 부추김도 많으니 그 놈들의 표가 내 표가 아니라서 위기감을 느낀 나는 조건부를 들어 사퇴할 것을 종용하였다. 허지만 기고만장이다. 내년엔 물고기에게 물렸던 다리에 마비가 올 것이고 나의 비상약을 쓰지 않으면 결코 낫지 않는다.

내 약은 암거래로 이루어지기에 내가 양심을 빼고 흥정하면 돈을 왕창 주어야 구할 수 있다.

사람은 어떤 경우에도 건방져서는 안 되지. 맞장 떠서 적을 만들어도 안 되지. 나 역시도 고개를 치들면 빗물이나 콧구멍으로 들어올 뿐, 나의 장점을 북돋아주고 결점을 지적해주는 은인도 어느덧 낯선 인물로 변하고 말지.

그런 내가 조용히 웃는데 나보다 등급이 높아졌다고 방자하게 웃는 옛날 소작인에게 이장 자리를 내주지만 애써 위축된 모습을 보이면서도 그 약은 나도 구할 수 없다고 설레발을 칠 것이다.

남자의 수명

남자도 오래 살아야 한다. 통계에 의하면 혼자 사는 남자보다 아내와 함께 사는 남자가 평균 수명이 더 길다고 한다.

아내가 남편을 잘 보살피기 때문도 아니고 섹스를 의무방어전처럼 해서도 아니고 아내가 옷을 잘 세탁해 주어서도 아니다. 사 먹는 음식에 마구 들어가는 설탕이나 향료, 싸구려 기름을 듬뿍 친 그런 요리가 아닌, 아내의 손맛에서 우러나오는 음식도 수명을 늘려주긴 하지만 진짜 이유는 따로 있다. 잘살고 싶어 못살게 구는 잔소리부터 과다한 임무수행을 요구하는 무리한 계약에 의해서 남자는 제 수명을 채우게 된다.

생선회를 파는 사람은 활어라야 고가로 팔 수 있음을 안다. 죽은 넙치가 만 원이라면 산 넙치는 이만 원이다. 그래서 활어수족관에 어린 상어 한 마리를 풀어 놓으면 된다.

물고기들은 상어한테 먹히지 않으려고 죽을힘을 다해 피해 다닌다. 긴장 상태의 물고기는 죽지 않고 오래 살아남는 것이다

우리 인생도 마찬가지다. 평범한 아내인데도 감시의 눈초리를 보내면 남편은 항상 움직여야 하고 긴장을 해야 한다. 여기서 평범한 아내는 남의 아내처럼 잔소리가 지독한 여자를 일컫는다.

겉으로는 잘 드러나지 않지만 어떤 남편도 아내 때문에 긴장한다. 마주 오는 여자가 팔등신 미인일 때도 긴장하니까. 긴장은 활력을 유발하므로 항상 움직일 태세가 되어 있어 운동량도 많아지고 잠도 잘 온다. 허나 그 잠이 늦잠일 경우는 다시 긴장할 태세를 갖추어야 한다.

게으름을 피우거나, 술을 많이 먹거나 양말을 벗어서 아무 데나 던지거나, 감기도 제 마음대로 걸려서는 안 되는, 여하튼 일거수일투족에 조심해도 아내의 잔소리는 퍼부어진다. 잔소리가 죽기보다 싫어서 남편은 긴장하고 반응하여 가족을 벌어 먹이는 사명감에 불타기에 불붙은 장작처럼 늠름해지는 것이다. 입에 쓴 약이 보약이듯 기꺼이 악역을 맡아준 아내에게 감사해야 하며 절대 복종하는 것처럼 위장하려면 철두철미 긴장해야 한다.

산을 오르던 젊은 여인이 자일을 몸에 감고 암벽을 오르다가 그만 줄을 놓치고 계곡으로 굴러떨어졌다. 사람 살려달라는 소리에 등산을 하고 있던 남자가 그곳으로 급히 찾아갔다. 어느 정도 의식이 가물거리는지 이미 반눈만 떠 있고 머리가 깨져 얼굴에 피가 낭자하다.

위급한 상황임을 감지하고 핸드폰으로 119에 구조신호를 보내고 나서 여인의 머리를 지혈하려고 상의를 벗고 내의로 여인의 머리를 싸매려고 다가섰더니 여인의 입이 남자의 젖가슴 깨에 닿았다. 그 와중에도 여인은 고개를 비틀었다.

몸을 조인 여인의 청바지를 벗기려고 하복부에 손을 집어넣으려는 순간, 여인은 눈을 번쩍 뜨더니 온몸을 마구 흔들며 반항을 하였다. 어처구니없는 오해에 난감한 남자는 엉뚱한 생각이 번개처럼 번쩍거려 강간을 하려는 수작으로 여인의 브래지어를 벗기려는 행위를 하였더니 여인이 한사코 반항을 하며 악착같이 정신을 차리는 거였다. 그런 실랑이 사이에 구조대가 와서, 무사히 구조되었지만 별다른 손익이 없다. 하지만 남자는 한순간이나마 날씬한 꽃사슴을 잘 뛰게 진화시킨 음흉한 표범의 표상을 멋지게 연출한 것이다.

사랑하는 여인이 있다면 최소한도 그 여인이 환갑이 될 때까지는 살아줘야 남자는 기본 수명을 받는 거다. 나이트클럽에 발을 들여놓을 수 없는 최소한의 기본 말이다.

환갑을 맞이하면서 여인의 입가에도 주름살이 생긴다. 입가까지 주름살이 생기면 천하의 여인도 미인의 반열에서 내려서야 한다. 입가의 주름살은 또 다른 입의 늙음을 암시한다.

사랑하는 여인이 입가에 주름이 잡히기 전에 세상을 뜨면 사랑을 잃은 여인은 사랑의 빈자리만큼 다른 입에도 힘껏 주름을 잡고 싶은 골똘함에 허기는 심각해진다.

짝 잃은 암고양이는 새로운 짝을 찾아 헤매다가 종국에는 가로등이 졸고 있는 거리를 방황하게 된다. 그러다 지치면 사방팔방으로 튈 수 있고, 위는 안전하게 가려준 차 밑에 웅크리고 고독을 핥게 되는 것이다.

다시 남자를 만나면 원초적인 미지의 주름살로 맞이하겠다는 심정은 아직도 살아 있는 활어 같이 싱싱한, 어쩌면 김이 모락모락 나는 즉석 불고기 같은 그곳을 활짝 벌려주면서 나 아닌 다른 남자의 밑에 붉은 노을처럼 깔린다는 생각만으로도 틀니가 흔들리기에 남자는 오래 살아야 한다.

그래서 습관적으로 긴장감이 넘실거리는 것이고, 드물기는 하지만 나도 내 여인을 느닷없이 덮쳐본다. 부지런히 늙어야만 그나마 긴장을 풀고 산에서 느긋하게 쉴 수 있으니까.

눕다 앉다 서다

아기가 태어날 때는 엎드린다. 어머니 자궁에서 이 세상을 만날 때, 머리부터 나온다. 다른 동물들이야 다리부터 나온 건 말건, 무사히 태어나면 되는 거다.

그런데 사람들은 잠을 잘 때 누워서 잔다. 여기서 '눕다' 는 의미는 서다의 반대급부가 아닌 눕긴 눕되 발라당 누운 상태의 계속이라는 거다.

말이나 개나 들소나 사자도 발라당 누울 때가 있다. 몸이 가려운 말이나 흙으로 팩을 하고 싶은 들소나, 기분 좋은 개가 꼬리를 흔들다가 아예 들어눕던가, 복종의 의미로 일부러 약점을 보이기 위하여 피부 중에서도 비교적 부드러운 배를 온전히 보이는 사자과 동물도 많이 있다. 즉, 우리가 선호하는 삼겹살 부위가 뱃살인데 비교적 부드럽다는 말을 사용한 것은 어떤 성기가 더 부드럽기에 은밀히 처리

한 거다.

그런데 날렵한 들고양이가 어쩌다가 발라당 들어누울 때도 있다.

관찰력이 유별한 내가 상상을 가미하여 설명해 보면, 다람쥐를 잡으려고 나무에 겁 없이 올랐다가 무하마드 알리가 나비처럼 날아서 벌처럼 쏘려고 주특기인 왼발을 쭉 내밀었다가 그만 헛방을 날리게 되어 나무 위에서 떨어지는 순간을 맞이하고 있다. 나무의 높이는 3m도 넘는다. 어쩌면 장엄한 행동일 수도 있는데 슬로우비디오를 보는 것처럼 눈앞 전경을 꽉 채우게 된다. 공중회전을 두 번이나 돌고 있다. 내 생각으로는 사자와 호랑이와 표범과 치타와 삶을 기능적으로 압축하여 만든 것을 고양이로 보기 때문에 그 발바닥에도 스펀지처럼 푹신한 살점이 있어 불현듯 착지를 해도 뇌로 가는 충격을 흡수하게 되어 있는 것이다.

사람인 경우는 장수하고 싶어서 진화했기 때문에 허리가 약점인 만큼 잘못 착지하면 뇌까지도 손상을 입게 되어 있다. 그럼에도 불구하고 마사이족이나 어떤 집단에서는 조상 대대로 맨발로 걷다 보니까 발바닥이 두툼하여 잘 걷는 모양이다. 최근에 출시된 기능성 운동화를 보면 밑창이 평소 신는 것과 다르다. 가만 있자…, 들고양이가 일촉즉발 공중회전을 하고 있는데 웬 운동화 타령이냐.

천부적으로 운동신경이 뛰어난 고양이가 그냥 추락해서 횡사하면 정말 싱겁지. 고양이는 알고 있는 것이다. 유도 기술의 꽃인 엎어치기는 몰라도 유도 방어 기본인 낙법을, 잽싸게 발라당 눕는 것도 온몸으로 낙법을 치는 것이다.

이 부분을 먹이 추격하는 치타의 동작을 특수 카메라로 투명하게 분석해보면 가죽이 씌워져 있어 다행이지 두개골이나 갈비뼈나 다리뼈나 온통 분해된 상태나 다름없다는 거다.

그런데 인간은 동물과 달리 누워서 잠을 잔다. 천적이 없어진 탓일까. 사람이 죽을 때, 외부 환경이 평범한 경우에는 거의 누워서 세상을 하직한다. 아주 특별한 영화 「워낭 소리」에서는 주인공같이 빛나는 조연, 늙은 소가 눈을 감을 때는 엎어져서 죽었다.

나는 가난한 주제에 환자도 아니면서 낮잠을 많이 잔다. 발라당 누워서 자므로 죽는 연습을 많이 하고 있다는 사실이 된다. 연습이라기보다 세월을 저장하고 있다고 할까 보다. 잠은 뇌의 보약이다. 물론 전신이 쉬고 있으니까 체력소모가 적은 만큼 심신이 편안한 건 사실이다.

결핵으로 시한부 인생을 살다간 천재시인 이상李箱은 병든 몸이 싫어서 「날개」라는 눈물겨운 단편을 남긴다. 내가 인상 깊게 기억하는 부분만 언급하려 한다.

사람이 사는 모습을 눕다, 앉다, 서다로 확연하게 전개되는 과정이 소설의 흐름인데 결핵으로 죽어가는 자신이 너무 불쌍해서 그 비극을 탈출하고자 가장 높다는 시청 옥상으로 올라가서 낮 12시를 기다리게 된다. 겨드랑이에서 날개가 돋기를 눈물겹게 기도하면서. 정오를 알리는 사이렌 소리에 맞추어 시청 벽에 걸린 커다란 시계에 분

침과 시침이 합일되는 순간을 이상과 현실이 하나되는 모습으로 설정하고 뛰어내린다. 여기서 구원은 날개인 셈이다. 울분이나 절망으로 말을 더듬다가 짜증나서 생각을 내동댕이치고 만다는 고독한 詩의 이론 'dadaism'을 이상 시인은 몸부림으로 끌어안고 세상을 떠났다.

사업상 만남은 반드시 상대를 앉혀야 한다. 상대가 서 있는 경우는 달아나기 위하거나, 드물게는 공격하려는 자세인 것이다. 때로는 한술 더 떠서 아름다운 여인과 침대에 발라당 눕게 하는 것도 책략이다. 구태여 앉히고는 술이나 식사를 대접하는 것도 그런 맥락이다. 누워 있는 사람을 위로하는 문병을 중요하게 생각해야 한다. 완쾌되면 잊을 수도 있지만 그 고마움은 오래 간다.

나는 낮잠을 부지런히 자면서 환갑이 넘도록 살고 있다. 앉아서도 잘 조는 편이다. 누워서 자면 꿈을 많이 꾸게 되지만 조는 틈틈이 망상은 깊어진다. 허나 망상마저도 박제가 되고 마는 것을.

드디어 점점 위로

내가 누구인가? 왜 이 세상에 태어났을까? 태어났다는 말은 탯줄을 달고 태어났으니 배꼽이 있다는 말이겠지. 그렇다면 우리 인간적으로 말하자. 원해서 태어나지 않았다는 사실을. 여자로 태어날지, 남자로 태어날지, 둘 중에 선택할 수도 있겠는데 최소한도 태어날지, 말지는 물어줘야 하는 것 아닌가.

오줌 냄새, 똥 냄새 비릿한 물 냄새가 가시지 않은 핏덩이나 다름없는 상태로 자궁에서 뽑혀져 나올 때부터 생사를 넘나들고는 겨우 첫 울음을 터뜨렸다. 열 달 가까이 어머니 뱃속에서 태반으로 영양분을 공급받으며 양수라는 물속에서 물고기처럼 생명을 유지했다. 태아를 키우는 양수의 성분은 바닷물의 성분과 거의 같단다. 그래서 바다더러 생명의 자궁이라고 하는 거다.

본능적이겠지만 갓난아기도 울음을 멈추어도 되겠다는 판단이 설

때 울음을 그친다고 말하고 싶다. 까만 콩알 같은 눈으로 눈앞에서 어슬렁거리는 사물을 빤히 바라보다가 별 두려움 없으면 본능적으로 잠을 청한다. 그러면서 배내똥을 갈긴다. 차츰 전등불에 시선을 집중시키다가 모빌이라도 걸어주면 그 움직임 따라 오래 바라보다가 앵두 조각 같은 입으로 살짝 웃는다. 이럴 때 그 미소를 발견한 가족들은 경이로운 반가움에 어쩔 줄 몰라 온몸을 떨며 박수를 보낸다. 폐기능이 제몫을 하기 시작하면서 심장의 박동도 힘차게 울리고, 눈길도 소위 주변 환경이나 식구라는 무리들을 구별하는지 별로 싫은 내색이 없어 보인다. 그러면서 엄마의 젖을 마음놓고 빠는데 젖을 실컷 먹고는 똥오줌 싸는 횟수가 점점 늘어간다.

갓난아기를 자세히 들여다보면 얼굴이 통통 부어 있다. 그것은 좁은 질을 빠져나오려고 몸부림치다 보니까 안간힘을 쓰느라고 질 벽에 심히 긁힌 탓이다. 더 자세히 들여다보면 얼굴이 통통 부어 있어 눈을 감고 있는 것처럼 보이지만 여린 목숨이기에 실눈으로 주변을 눈여겨보고 있는 것이다.

아기가 엄마 젖을 빨 때, 오물오물 리듬을 타면서 제대로 빨아줘야 되지, 힘없이 빨거나 빨다 말거나 하면 젖을 물리는 젊은 엄마는 짜증이 나서 젖 대신 우유병을 물리게 된다.

처음으로 공개하지만 우리는 기본적으로 일정한 리듬감을 느끼며 살고 있다. 느낌을 느낌인 줄 모르고 있을 뿐이다. 그 일정한 리듬은 심장의 박동수. 심장의 구조가 다른 기관과 달리 나누어져 있는 거나, 판막으로 형성된 구조도 다 넘치거나 모자라지 않도록 일정한 속도와 분량의 배분인 것이다. 그래서 달리고, 뛰고, 걷는다는 일련의 동작들이 생겨났다.

춤추듯 글을 쓰고, 춤추듯 자판을 두드리고, 춤추듯 대화를 하고, 춤추듯 마시고, 춤추듯 삽입을 계속하면 지속성은 물론이고 모든 행위가 거룩함까지 획득이 가능하다.

아기도 어느 정도 자라서 찹쌀 같은 앞니가 돋을 즈음이면 일정한 리듬으로 젖 빨기 싫어서 심술을 부리느라고 질겅질겅 젖꼭지를 씹기도 한다. 그래서 엄마는 재빨리 젖을 빼버리고 만다. 그리고는 '헐~' 하는 투로 어이없어 한다. 심술이라는 심장 박동수를 거스르는 행위는 생명에 대한 모욕이요, 도전이긴 하지만 변화를 추구함도 새로운 삶의 지평이기에 태어날 때부터 원치 않은 삶을 살고 있는 피동의 주체는 반항정신으로 반동을 꾀함도 신은 어느 정도는 인정했으면 좋겠다. 그래서 엄마는 아기 머리를 기분 좋게 쓰다듬어 다시 젖을 물려주고 애써 달래며 키우는 거다.

돌이켜 생각해 보면, 어릴 적엔 왜 그렇게 똥오줌을 많이 쌌는지, 많이 먹고 마신 탓이리라. 여느 갓난아기도 그런 유아기를 거쳐 어른이 되었으리라.

기저귀를 안 차도 될 만큼 항문과 성기가 당당하므로 신사는 신사복을, 숙녀는 양장을 차려입고 거리를 활보한다. 잠잘 때는 침실 아래 벗어놓곤 당당한 성기끼리 씩씩한 리듬감을 살려 삶의 애환을 설탕과 소금과 고추장으로 버무리고는 맛있게 주고받는 행위를 하는 거다. 왜 태어났는지도 모르면서. 모르는 주제이면서.

세월은 누구에게나 세상 저편의 일을 알려주기 싫으니까 아무에게도 알려주지 않는다. 이것은 절대 동등의 원칙의 적용이다.

늙어가면서 남자 성기가 피사의 사탑처럼 점점 기울기가 낮아진다. 종국에는 대변기에서 소변을 보지 않으면 바지를 적시게 되어 지린내를 달고 살게 되는 거다. 그래서 늙을수록 옷을 잘 입으라고 한다.

젊은 시절엔 없어서 못 먹더니 아, 이젠 줘도 못 먹는구나. 그리하여 갓난아기 적, 눈에 서린 정기가 입에서 배설기관으로 내려간 것이 늙어지면 기운 잃은 아랫도리 양기가 위로 올라와서 입으로 떠들다가 그 마저 힘겨우면 곁눈질로 젊은 여인의 몸매를 훑게 되고, 그마저 산에 누우나 방에 누우나 비슷한 지경에 이를 즈음, 엄마 뱃속에서 눈을 감고 있었던 원초적 표정으로 세상을 떠나는 거다. 별 수 없다. 그것이 가진 것 없음이고 원점으로 떠나는 출발점인 것을.

우물 안 개구리

우물 안 개구리라는 말이 있다. 한자로 '蛙中之井'이란다. 그렇다면 우물 안 개구리가 어떠하단 말인가? 우물에서 바라보는 하늘이 좁다는 뜻인가? 물론 하늘이 무량하고 무변하고 무한하니까 우물도 그 무변에서 샘물을 간직하고 있는 것이다. 임보林步라는 시인이 '개울가 다슬기는 / 개울이 좋아/ 푸른 하늘이 있으나 마나/ 개울 안 푸른 이끼가 좋아.' 라고 사행시를 썼다. 자신이 만족하면 그걸로 충분하다는 뜻인 것이다.

어느 오름 동굴에 황금박쥐가 살든 말든, 동굴 밖 들꽃이 하염없이 피거나 지거나 동굴 천장에서 떨어지는 물방울 소리가 바닥에 고인 물 수면에 수직으로 낙하함이 고요를 흔들어 처녀막에 꽂힌 듯 밀림의 북소리로 듣고 우주의 황홀경을 안다면 그거 최고의 경지가 아닌가.

어느 동굴에 호수가 있어 어느 용의주도한 인물이 보트를 타고 답사하다가 불가사의한 동굴을 발견하여 세상에 알려지고 세계자연유산이 된다 한들 , 황금박쥐에겐 일용할 양식이 있고 종족을 번식할 짝이 있고 태어날 새끼가 있고 때가 되면 자연스럽게 죽을 수 있는 섭리가 존재하는 동굴은 내부의 어둠마저도 거룩하고도 유유자적인 것이다.

석양의 무법자처럼 불을 뿜는 쌍권총도 모자라서 아예 기관총을 관 속에 넣고 끌고 다니다가 어느 마을에 나타나서는 악당들이 있나 없나 선술집 여닫이 문 앞에서 안을 기웃거린다한들, 그 마을의 왕초 개구리 격인 보안관은 대체적으로 고맙지가 않다는 것이다.

깽판이 벌어지게 되면 악당도 사람인데 제명에 못 살고 추풍낙엽처럼 쓰러지는 꼴은 영화 관객이야 스트레스가 풀려 시원하겠지만 관 짜기 바빠서 놀란 가슴을 쓸어낼 만큼 성가실 따름이다. 관을 여러 개 짜려면 상부에 보고하기도 귀찮고 우물 안 개구리 중에 거룩함의 대명사 격인 마을 목사가 예복을 갖춰 입고 마을 공동묘지를 애써 찾는다. 관을 생략하고 묻을 개죽음 앞에서 '요단강 건너가 만나자'고 매번 기도드릴 게 뻔하다. 이런 살풍경이 지겨운 보안관은 상대성 원리는 개울 안 다슬기처럼 마을의 평화가 최선이라는 말이다.

그런데 서부개척 시대에도 뛰어난 총잡이만 마을에 나타난 것은 아니다. 자칭 선지자인 양 착각이 창궐하여 그 마을을 복음의 땅으로 만들어 주겠다며 마을 입구에 들어서면서 맨땅에 입술맞춤으로 호들갑을 떨더니 그 마을 역사도 제대로 모르면서 사사건건 나쁜 점만 지적하느라고 열을 내는 꼬락서니를 봐야 하는 경우도 있었다. 술집마다 기본 안주가 있듯이 남의 마을에서는 겸손할수록 미덕인 것이다.

나의 오만함은 일본 체류 중에 발생한다.

몇 달 어학연수를 하다 보니까 슬슬 일본시단이 궁금하여서 일본 동인지에서 '驛' 을 주제로 시를 모집하기에 작품을 보냈다.

며칠 후, 그 시단 편집장으로부터 만나자는 연락이 정중하게 왔고 나는 웅장하게 찾아갔다. 어설픈 일어 실력이나마 손짓까지 섞어가며 몇 시간을 함께 시에 대한 견해를 주고받았다. 낭만파 사조가 낡아가면서 일본 문학이 우리에게 전해준 '이미지즘' 이라는 주제를 건방진 나는 우쭐거리며 설파했고 그는 참으로 겸손한 미소로 나를 대했다.

그때 받은 시집들과 헌 책방에서 산 대중잡지 '문제소설' 수십 권을 제주도로 가지고 와서 부지런히 읽었다. 일본 문학이라도 열심히 공부를 해야 나중에 문예창작 강의를 하면 보람이 있으리라는 계산 때문이었다.

그 '문제소설' 을 읽다 보니까 일본 소설을 조금이나마 알 것 같았다. 우선 막부 시대를 배경으로 하는 '짠바라' 유類의 사무라이 세계와, '첨단 산업 정보' 를 노리는 밀거래 무기 조직과의 암투라든지, 일본 형사의 활약상을 그린 범죄 소설은 전율이 넘쳤고 더구나 색정이 불타는 에로티즘은 일본소설의 백미였다.

완전범죄를 노린 진범이 따로 있는데도 용의자로 몰린 역사학자가 누명을 벗기 위하여 진범을 추적하는 과정에서 민완 형사는 증거를 없애려는 도피인 줄 알고 그 뒤를 곡선으로 추적하는 대하소설을 읽고 뜻밖에도 눈물겹도록 감동을 먹고 말았다. 섬은 거대한 해저에 감추어진 대륙임을 깨달았다.

그래서 뒤늦게 일어를 전공하게 되었고 작년에 새롭게 일본여행을 하였다. 고급호텔에서 맛있는 뷔페를 먹고 리무진 관광버스로 이동하면서 걸쭉한 농담으로 고향 문인들을 웃기면서도 옛날과 달리 나는 겸손하였다. 일본 속담에 '고개를 조아릴수록 똥꼬는 올라간다.' 라는 가르침을 배웠기 때문이다.

세상의 부정을 바로잡으려면 한이 없다. 다수가 침묵하거나 말거나 솔직히 고백하건대 '우물 안의 개구리' 가 나는 부럽다. 내가 그 개구리로 오래 살고 있으면 동네 사람들도 대를 이어 그 우물을 먹고 역사를 이어갈 것이므로.

아! 우물 안 개구리가 부러운 우물 밖 올챙이 신세는 나를 비롯하여 누구나 어리석다 할 것이다.

조엽鳥葉의 사이비 설교

배고프다가 무엇일까? 배가 고달프다이다 왜? 배가 고달프고 싶다가 줄어든 말이라서. 에이, 그런 게 어디 있어? 뱃속에는 위장이 있다. 위장의 역할은 음식물을 받아서 소화시켜서 다른 기관으로 내보내지. 필요한 영양소를 뽑아가도록, 그런데 먹은 것이 없어 소화를 못 시키면 얼마나 굶주려서 고달프겠는가. 굶주림은 허기진 아픔이지. 그래서 배가 고프면 많이 아픈 거야. 많이 아프면 결국 죽음에 이르게 되고.

그렇다면 '흐느끼다.'는 무슨 말일까? 흐드러지게 느끼다일 것이다. 흐드러지단 버드나무가 봄볕이 나른한 강변에서 무수한 잎사귀를 달고 가지나 줄기가 부러질 듯 휘어진 모습을 연상하면 될 것 같다. 몸매 늘씬한 젊은 여인이 벌거벗은 채로 뒤로 재낄 수 있는 한 재껴서 활을 끼운 활시위의 팽창한 모습을 상상하면 된다.

슬프다는 무엇이고 또한 무슨 뜻일까? 쓸쓸해서 실망하고 싶다가 줄어든 말일까? 그렇다면 기쁨은 또 무슨 뜻인가? 왜 기쁨을 기쁘다고 했을까? 어쩌면 기를 뿜어내는 기분이거나 기운이 아닐까? 그래서 기쁨은 가볍고 날아갈 것같이 신나는 일인 것이다. 그래서 슬픔은 눈물이 배어 있는 실망과 같고, 기쁨은 눈부신 햇살 같은 것이다. 무게로 값을 매긴다면 슬픔이 무거운 이유를 알겠지?

외로움은 나쁜 거다. 외로움은 정말 나쁘니까. 혼자 살면 혼잣말을 혼자하고 혼자 듣게 되지. 거울을 들여다봐도 혼자뿐이니까 거울에 비친 자기가 거울에 비친 자기를 아무도 들여다보는 사람도 없이 혼자만 물끄러미 쳐다보게 되지. 그리고는 슬그머니 눈알을 다른 데로 돌리기도 해. 왜 눈이라고 해야 될 대목에서 눈알이라고 했을까? 그 이유는 심심하니까 그랬다고 볼 수 있지. 여기서 심심하지 않고 심각하면 어떤 현상이 생길까? 헛것을 보게 되지. 외로움이 지극해서 헛것을 보기 시작하면 그 외로움은 두려움으로 변해버린 무서움인 거야.

지극이라는 한자말도 그냥 쓰는 것은 아니야. 至極 즉, 끝까지 갔다는 말인 거지. '외' 라는 말이 오직 혼자라는 말인 줄 누구나 다 알지. 다시 말하면 '오직' 이라는 말이 줄어든 말이 '외' 야. 오죽하면 오직이라고 했겠느냐고. 그렇다면 그리움의 '그' 는 무엇이고 '리움' 은 무엇이겠는가? 무서움의 '무' 는 무엇이고, '서움' 은 또 무엇인가? 여기서 더욱 중요한 것은 '무엇' 이 무엇인가가 더 중요하다. 정말 무엇이란 무슨 말인가? 또한 '무슨' 이란 무슨 말인가 말이다.

정말이라는 뜻은 알 것 같다. 정말이란 옳은 말이라는 뜻이거나 바른 말이라는 뜻인 거다. 한자로는 바를 정이라고 이렇게 '正' 쓴다. 그러면 말은 어디서 생겨난 거냐? 한자로 언言이냐? 정언正言이 한글로 정말이라는 뜻인가? 그렇다면 '言' 이 왜 말로 변했을까?

아아, 골치 아프다. 나는 언어학자가 아닌데도 구태여 왜 말도 안 되는 말을 끄집어내어 스스로 골치를 앓고 있는지 스스로 어리석다 할 것이다. 여기서 골치도 한자로 '骨治' 라고 쓰고 두개골이 아프니까 치료받아야 한다는 뜻으로 썼다면 무방하지 않겠지. 그나저나 참으로 궁금한 것이 많기는 하다. 죽어버리면 그만인 것을 왜 이다지 궁금한 것이 많으냐고 물어봐 다오. 물어봐 달라니까 실지로 입을 벌리고 허벅지에 치아 자국이 나게 물지는 말고 말로만 자세히 질문해 달라는 말인 것이다.

죽는다는 말은 밥으로 죽을 쑨다는 말에 가깝다. 밥으로 죽을 쑨다는 말은 잘하려다가 잘못해서 개에게 어쩔 수 없이 던져주고 만다는 슬픈 뜻도 포함되어 있음을 부정하지는 않겠다.

그러나 조금 전의 생각으로 돌아가려 한다. 무서움의 '무' 와 '서움' 에 대한 의문과 두려움의 '두' 와 '려움' 을 화두로 올려놓고는 샛길로 새었으니 다시 제대로 찾아서 말을 잘해야 한다. 무서움의 '무' 는 무엇인지 모르는 '무' 와 무슨 뜻인지 모르는 '무' 와 같은 이란성 쌍둥이인 것이고, 모른다는 '모' 의 이복형제인 것이다. 그러니까 숨

막히도록 무서운 거지. '서움' 이 뭐냐 하면 '서서히 다가옴' 이 줄어든 말이다. 무서움이 서서히 소리 없이 다가온다고 상상해 보라. 얼마나 무서울 것인가 말이다. 외로움의 '로움' 도 그리로 찾아감이 줄어든 말이라고 가정해 보자. 다시 말하자면 홀로 갇혀 있는 독방신세인 것이다. 외로운 곳에서 홀로 지내야 하는 이 몸. 옴이 옮았는지 몸이 가려워도 시원하게 긁어줄 그 누구도 없음이 얼마나 서럽겠는가.

보고픔이라든지, 배고픔이라든지 '픔' 은 싶다의 명사형인 '싶음' 이 줄어든 말인 것을 명심하라.

이 글을 쓰느라고, 몇 시간을 횡설수설하느라고 피곤해서 하품을 하고 있다. 여기서 '하품' 이란 '하염없이 피곤하여 잠을 자고 싶음' 이 줄어든 말인 것을 나의 권세와 영광을 나누어 가지고 싶은 동지여, 나를 믿고 따르라. 나누다는 말도 '나와 너 모두 다' 라는 뜻이 함축되어 있음도 믿어라. '믿음' 이라는 말도 '밑도 끝도 모두 스며들었음' 이 줄어든 말이니라. 사랑도 착각이거늘, 착 달라붙어 서로 각을 허무느라고 뜨겁게 사무치고 있음을 나를 비롯해서 알았노라. 그러나 막막하도다. 막을 내려라. 마지막 장면이 징징 울게 징을 울려라.

꽃샘추위

삼월에 눈이 내린다. 얄밉게 퍼붓는다. 겨울옷은 이미 세탁하여 들여놨는데 며칠 더 입고 어찌 다시 세탁할 것인가. 내가 한 세탁이 아니기에 더욱 그렇다. 이 추위에 꼭 감기 걸릴 것만 같아 짜증스럽다. 빚을 갚다가 남은 이자가 원전보다 더 커서 어찌해야 좋을지 모를 지경이다. 보험금이 몇 달 밀려 약정을 파기한다는 통지가 올 것만 같고, 이미 정분을 단절하고 떠난 여인이 다시 만나자는 전화지만, 만나면 그때 나에게 베풀었던 호의를 찾아가겠다는 다짐을 위한 전갈이기에 등은 더 시려온다.

작년에는 사월에도 궂은 눈이 내려 벚꽃이 피어야 할 때 눈꽃이 피었었지. 벚꽃 축제를 준비하던 집행부에서는 관람객들의 참석이 저조할까 봐 화들짝 놀란 나머지 벚나무 몸통에 때 아닌 스펀지 옷을 입혔었지.

젊은 시절, 열심히 땀 흘려 한번에 이룬 부로 평생을 편안하게 사는 경우와 달리 젊은 시절 한번의 가난으로 평생 고생으로 사는 나 같은 부류가 많음에 시름은 더 크다. 작은 돈이지만 오죽하면 우리 가난한 사람끼리 도와야 한다며 내가 주저하듯 방문하면 기름 값이 천정부지로 오르는데도 그동안 꺼 있던 난로를 켜고 무릎 앞으로 당겨주는 인정에 눈시울이 뜨거워진다. 오래 앉아 있는 것도 지인의 생업을 방해하는 일, 눈발이 다시 내리고 있으나 비틀거리듯 천천히 귀가한다. 서둘러 귀가해야 한다고 표현함이 옳으나 잘사는 사람들에 대한 반항이고 꽃샘추위에 대한 저항 심리를 표출하려는 의도이지만 집에 가봐야 가난을 실감할 일이 더욱 많음에 숙제하지 못한 어린 이가 교문 앞에서 서성이다가 뒷산에 가서 낮잠을 자고 불쌍한 어머니에게는 학교 갔다 왔다고 거짓말했던 뒤틀린 심사가 눈이라고 말하기엔 얄미운 진눈깨비에 희끗한 머리를 적시며 재채기를 거푸 해대는 것이다.

같은 아파트 주민들의 탄원에 의하면, 앞 화단에 심은 벚꽃이 봄엔 벚꽃이 꿈결처럼 피어 기분이 좋으나 여름 내내 도시에 사는 매미들이 어둠을 지워버린 가로등 불빛이 싫다고 밤 깊도록 울어대는 소리로 잠을 설쳤다고 벚꽃 가지들을 뭉텅이로 잘라내어 버렸으니 이제 우리 아파트 벚나무는 지체 높은 장애자가 되고 만 것이다.

하지만 나는 벚꽃을 좋아한다. 애타게 봄을 기다렸다가 꽃샘추위를 보아가며 꽃잎을 연다. 삼동을 견딘 벌나비들이 그동안 굶어 죽었을까 봐 눈 녹는 바람에 살 떨면서도 온통 꽃을 피우는 것이다. 더러 찬비에 쓸리고 찬바람에 눈보라처럼 떨어지긴 하지만 봄을 향하여 달려온 꿈나무인 것이다. 그렇게 하염없이 꽃이 지고 여름을 맞이하면 연녹색의 잎사귀를 무성하게 내밀어 피톤치드를 뿜어내며 그늘이 되어주고, 가을 하늘만큼이나 맑은 심성으로 단풍을 갈아입고 버찌를 맺는 순명 또한 아름답다. 다시 겨울에 또다시 벌거벗은 나무로 삼동을 견디는 그 고요한 침묵이 벚꽃의 아름다움이다.

그런 것도 아는 놈이 어찌하여 남모르게 울고 있단 말인가. 스스로도 답답할 뿐이다. 백사장에서 애처로운 물새들의 소리를 듣는다. 모래 한 줌 손에 쥐었다가 펼쳤는데 바람이 심히 부니 한낱 먼지처럼 흩어질 뿐이고 꽃샘 눈 한 줌 쥐어 보니 서글픈 눈물처럼 녹아내린다.

지금 나의 속사정을 남들은 결코 모른다. 다만 나를 어여삐 여기는 사람만이 짐작할 것이다. 나쁜 상황에 처에 있음을.

이웃 강대국에서 속국이 되라고 강요 교지가 왔다. 상장군은 나라를 위하여 목숨을 걸고 항쟁을 하겠다고 머리를 조아리고, 영의정은 나라의 존폐를 심히 염려하여 훗날을 도모하려면 강국의 뜻에 따를 수밖에 없다고 설득하는 두 신하의 고집에 갈등하는 못난 왕이 나다.

아무리 형편이 형편없다한들, 형제가 싸웠는데 식구들이 동생 편만 들어서 형편없는 세상이라 한들, 그래도 어딘가에 돌파구가 있을 것 아닌가. 분명 꽃샘추위는 찬란한 봄이 오리라는 전조가 아니던가.

전에는 수많은 세월 동안 연속극 주인공 같은 중년 남녀들이 불륜에 흠뻑 빠지고는 감옥에 가면서 푸른 수위를 입어서 참기름처럼 고소하긴 했지만 지금은 남녀의 만남도 훨씬 자유롭고 나름으로 산전수전을 다 겪었다고 본인들의 의사를 반영하여 간통죄는 없어졌지만 문화수준도 그만큼 높아지고 성에 대한 인식이 달라진만큼 추억의 봄은 새 봄이 되어 다시금 가슴설레게 한다.

아, 순리대로 살아야 할 것을. 남들은 아껴 쓰며 평생 동안 적금을 부어 일억을 모았다면 나는 평생 동안 게으름피우면서 시 천 편을 남겼다. 하지만 사진 한 장도 자기 사진이 중요하기에 가난한 나는 불편한 이웃일 뿐이다.

오후 들어 눈발이 그치고 햇살이 비친다. 어느덧 눈 녹듯 불편한 심기도 개었다. 가까운 하늘에는 양털구름이 떠 있다. 저 구름이야말로 겨울눈이 안쓰럽게 남긴 혹한의 그림자인 것을.

5장

울면서 웃으면서

비우면 가볍다

사람이라면 무릇 생각을 해야 한다. 사람이니까. 동물 중에서도 지적인 동물이니까 심사숙고를 해야 한다. 잘살기 위하여 미래를 예측하고 실천을 위한 계획을 욕심으로 매도하고 마냥 버리라고 하면 곤란하다. 자포자기를 종용하는 모양새가 되니까.

인간은 하루에도 수 십번 갈등하면서 살고 있다는 의미로 미루어 보더라도 자신의 몸에 이로운 생각은 버려서는 안 되는 거다. 이롭다는 말과 지나치다는 말은 확연히 다른 뜻이다. 물론 생각대로 다 이루어지거나 이루어지리라고 생각하지 않지만 어디까지가 욕심인지도 모르면서 욕심을 버리지 않았다고 따지거나 비하하면 어불성설이다. 욕심은 삶의 욕망인 동시에 충동이다. 삶의 충동이 없으면 의욕상실이 온다. 의욕상실은 살기 어려운 상황을 초래하기 때문에 나쁜 거다.

그러므로 버려야 할 것을 버리지 못하여 어리석다고 단정하거나 매도하지 말기를. 버릴 것은 버릴 때가 되면 어련히 알아서 버릴 것이므로 남의 생각이나 행동에 클레임을 거는 것은 월권이다. 솔직히 말해서 버릴 것은 대변이나 소변 같은 거다. 그것도 형편 따라 쓰임새가 있으면 당연히 모아 두어야 한다. 똥 냄새가 난다고 항문을 도려낼 순 없지 않는가.

사실 버려도 별 상관이 없거나 별 손해가 없으면 못 버릴 것도 없다. 말로는 수도 없이 비우고 욕심을 버린다고 하지만 정작 무엇을 비우고 무엇을 버려야만 하는지 모르기에 오히려 더 채우려고 몸부림친다고 언성을 높일 수는 있다.

왜냐하면 근원적인 것부터 따져야 하기에 하는 말이다. 우리는 무슨 연유로 태어날 때부터 빈손이란 말인가? 빈손 들고 태어나게 했으면 놀고먹어도 살아가게 해줘야 논리가 정연한 것 아닌가. 입은 왜 만들었으며 배는 왜 고픈가? 무엇인가 채우라는 뜻 아닌가. 채우되 무엇을 채워야 좋은지 가려서 채우라고 보아지는데 함부로 비울 수도 없는 노릇 아닌가.

비우면 가볍다는 말은 상식이다. 욕심은 화를 부른다는 말도 개똥철학이다. 저마다 필요에 의해서 비우거나 욕심을 내는 거지, 남 눈치를 보려고 비우거나 욕먹으려고 욕심을 내는 것은 아니다.

자신의 목숨은 자신의 목숨일 뿐, 내 인생은 내 인생이므로 소변을 봐도 내가 소변을 본 것이다. 내가 땀 흘려 돈을 벌어서 집을 사든지 경마장에 가서 하루에 몽땅 날려서 뒤늦게 대성통곡을 하든지 내가 저지른 일이므로 그대에게 해가 없다면 손가락질해선 안 된다는 것이 솔직한 내 심정이다.

거듭 강조하거니와 마음을 비워도 살 수 있다면 그렇게 하고 싶다. 찬바람 부는 곳에 오래 서 있으면 독감 걸릴 확률이 높다. 나라고 해서 따뜻한 아랫목이 눈이 쏟아지는 벌판보다 좋은 줄 어찌 모르겠는가? 뜨끈뜨끈한 아랫목에서 마음놓고 낮잠을 잘 수 있으면 창밖으로 쏟아지는 함박눈을 반길 수 있다.

남에게 해를 주지만 않는다면, 남의 야욕을 좀먹지 않으면 허울 좋은 탐욕일지라도 나의 온전한 뜻에 의하여 비우거나 채우거나 할 것이다. 비록 내가 받을 상일지라도 남에게 양보하여 더 큰 손실이 올지라도 내가 선택하면 나의 뜻이다.

그렇다고 법을 위반하거나 양심을 팔거나 상식을 파괴하면서 교묘하게 살 생각은 그다지 없다. 다만 남에게 빌린 돈이 아직도 남아 있어 갚을 생각으로 눈앞이 캄캄할 때가 있어 곤욕스럽지만 쥐구멍에도 볕들 날 있다고 자위하면서 오늘도 그럭저럭 숨쉬고 살고 있음이다.

그러므로 아직은 간직한 것이 많다. 버려야 좋겠다는 판단이 서면 버릴 것이기에 가끔은 버렸다고 하는 것일 뿐, 버림도 채움의 다른 표현이다. 그러므로 내가 버린 것이 무엇이며 얻은 것 또한 그 무엇인지 남들은 아직 모른다. 그걸 알면 이익 볼 사람들이 더러 있어 알려줄 마음이 아직은 없다.

인간의 선악은 하나뿐인 목숨의 사활에 달려있다. 목숨을 위협하면 악이고, 목숨을 도우면 선이다. 사형수도 형장으로 가는 길에 물이 고여 있는 웅덩이는 피해서 간다는 통계가 있다. 발이 젖으면 춥고, 추우면 감기 들고, 감기가 폐렴이 되어 합병증을 일으키면 목숨이 위태로우니까 위험을 피하는 것은 목숨에 대한 자기방어인 것이다.

회사 책임자인 회장이나 가장이나 책임자의 얼굴이나 표정은 거의 근엄하다. 잘 웃지 않거나 상황에 따라서 크게 웃는다. 자신의 노력으로 많은 목숨들이 먹고 살기에 허튼 일이 발생하거나 적자가 나면 큰일이기에 늘 긴장해서 그렇다. 누구는 청풍명월을 읊지 못하여 냉정한가.

저기 푸른 하늘에 두둥실 떠있는 한 조각 흰 구름이 보이는가? 그저, 바람 부는 대로 흘러가지만 그 얼마나 여유롭고 아름다운가. 진정, 여유 있는 삶이란 가진 만큼으로 만족하고 남의 것 탐내지도 보지도 아니하고 누구 하나 마음 아프게 아니하고 남의 눈에 피눈물이 나지 않도록 배려하고 사랑하며 사는 것 아닌가. 최고의 덕은 상선약수라 했던가. 물 흐르듯이 살면 그것이 최고라네. 남들은 잘산다고 부러워하지 말게. 들여다보면 나름대로 삶의 고통이 있고 근심 걱정 있는 법이니까 그러려니 하고 사세.

밝은 달 아래 반딧불을 벗삼아 마시는 막걸리 한잔에 아득히 들리는 소쩍새 울음소리를 자장가삼아 마음을 비우면 그것이 장땡이지, 휘황찬란한 네온불빛 아래서 비싼 술에 취해 흥청거리며 살면 무얼 하겠나.

고를 통하여 도를 깨달은 양 일용할 양식이 넘쳐난다고 근엄한 말투로 마음을 비우라고 다독이면 나는 괴로움이 가중되고 부러움이 가중되어 오히려 서글퍼진다. 한술 더 떠서, 가진 것 없는 사람이나 가진 것 많은 사람이나 잠옷 입고 잠자고, 일어나서 하루 세끼 밥 먹는 것도 마찬가지로 늙고 병들어 북망산 갈 때, 빈손 쥐고 가는 것도 똑같으니 우리가 백 년을 살겠나, 천 년을 살겠나, 더 높이 오르려 안간 힘을 써서 올라 본들 인생은 일장춘몽, 이름은 남지 않더라도 등 뒤에서 손가락질하는 사람이 없도록 베풀고 양보하고 덕을 쌓으며 고요하게 살다가 조용하게 떠나라고 웃음으로 역설하면 속마저 역겹다.

욕망이 채워져야 위엄을 거느릴 수 있으니 가난하고 병든 자는 마음 비우기보다 삶이란 지옥이 따로 없다고 해도 받아들이련다. 아무튼 나도 먹고 사는 데 걱정이 없을 만큼 돈을 많이 벌면 유명 인사처럼 느긋한 태도로, 마음 비우고 편히 살아야 잘사는 거라고 느긋하게 읊조리고 싶다.

산과 바다

멀리서나 가까이서나 산꼭대기를 바라보면 클라이맥스라는 외국어가 떠오른다. 또한 絕頂이라는 한자도 생각난다. 실제로 산정에서서 심호흡하면서 얇고 작은 손수건으로 땀을 닦을 때는 더욱 그렇다. 옷을 안 입고 땀을 흘리고 있다면 분명 땀방울은 빗물처럼 흘러 땀줄기로 내 성기를 타고 아래로 흥건히 떨어질 것이로되 옷을 겹겹이 껴입었으니 옷이 먼저 젖을 거다. 그러니까 눈비가 오거나 바람이 불면 먼저 산꼭대기를 적시고 구름도 머물다 가겠지만 남는 것은 별로 없다. 왜냐하면 계곡으로 모여들기 때문이다. 맹금류나 파충류도 산꼭대기에서 살고 있는 것처럼 보이지만 산꼭대기는 다만 방향을 가늠하고 이동하는 관제탑 정도의 역할만 한다. 생명체가 모여 사는 곳은 계곡이다. 산정은 오직 명예의 전당이고, 계곡은 실속의 궁전이다.

왜 산을 오르느냐고 물었을 때, 저 유명한 대답, '산이 거기에 있으니까.' 물론 멋지다. 나는 한 술 더 뜨고 싶다. '산 너머 산이 있으니까.' 라고.

그렇지만 산꼭대기에 분화구는 있어도 동굴은 없다. 정상은 공제선이기 때문이다. 계곡은 동굴 사촌이다. 용암이 맹렬히 흘러 천장이 터지면 계곡인 것이고 용암이 잘 참으면서 질곡을 형성하고 해저까지 흘러서 공간을 남기면 동굴이 되는 거다. 그런데 산이 상징하는 바는 따로 있다. 하늘과 맞먹도록 닿아 있다는 것이다. 꼭, 무슨 일을 저지를 것만 같아 볼수록 신기하다.

퍼뜩, 생각나는 것이 남자의 클라이맥스다. 질퍽거리는 도로에서 주행을 하면서 목적지에 가까워 올수록 왜 과속을 하면서 스스로 굉음에 휘말리고는 살아도 죽은 표정으로 산꼭대기에서 계곡으로 추락하듯 온몸으로 몸서리를 쳐야만 용암이 분출하는지, 그 위험한 순간을 벗어나서 여진을 달래고 있으면 시원섭섭함이 새삼스러워지기도 한다.

독감기도 이와 비슷하다. 몸살로 어슬렁거리다가 관절통으로 괴롭히다가 재채기를 연발로 보여주다가 바야흐로 바튼기침을 하기 시작하면 걷잡기가 힘들게 된다.

합당하진 않지만 문득, 꼬리가 길면 잡힌다는 속담도 기웃거리는 대목이다.

아무리 숨어서 도둑질을 한다 해도 자꾸 하다 보면 길이 나고 흔적이 남아서 노출되기에 들통나는 거다. 산에 사는 새가 멀리서도 잘 보이는 이유가 그것이다. 청상과부도 낯선 남자를 자꾸 만나다 보면 정이 들고, 정들면 밤마다 베개로 입을 막아도 야무지게 잠근 창문을 파고드는 달빛처럼 달착지근한 신음소리, 감출 길이 없다. 제채기, 콧물, 기침에 시달리고 있으면 방귀도 절로 나오고, 눈자위도 불면증에 걸린 박쥐처럼 부어서 튀어나온 듯이 보인다. 경험으로 느끼고 있지만 감기에도 정점은 있다. 예방주사를 맞아버리면 미리 불알을 까버린 돼지처럼 그럭저럭 조용하게 물러간다지만.

제주시 탑동은 사색과 산책으로 유명한 곳으로 나를 길러준 고향이다. 유년 시절, 세계에서 가장 아름다운 탑동 수평선이 폭풍에 휘말릴 때면 나는 영화구경 가듯 흥분하여 새벽 바닷가로 달려 나간다. 거기, 거대한 파도가 빙하기에 죽어가는 공룡처럼 처절하게 울부짖으며 쓰러지는 모습, 영화 장면이 아니고 눈앞에서 생생하고 싱싱하게 바라보는 것이다. 그 증거는 휘날리는 물보라로 옷이 축축하게 젖는 것이다.

와! 바람과 파도의 대결, 공기와 물의 결투. 누가 이기고 지는지 울부짖음이 하늘을 찌르건만 아무리 눈여겨보아도 까만 바위는 그대로 까만 바위이고 염소젖 같은 흰 파도는 그냥 흰 파도일 뿐, 서로 어떤 필요에 의하여 즐기고 있다는 것을 어렴풋이 느끼곤 하였다.

군복무 마치고 당당한 사나이가 되어 다시 탑동 바다에 섰다.

예전처럼 풍랑에 휩싸이는 돌은 더 곱게 다듬어지고 해저는 대청

소로 깨끗해진다. 그런 와중에도 수평선 눈금은 더도 덜도 아닌 중용이라서 지상의 모든 수평은 물이 장악하고 있음을 알았다. 그리하여 앞으로 불만 잘 다스리면 세상 사는 데 큰 어려움이 없으리라고 깨우쳤다.

비록 철새처럼 다방을 전전하긴 하지만 여자는 여자인지라 포근한 친절과 배려로 따뜻하게 대해주면 다른 곳으로 떠나기 하루 전날, 꼭 만나달라는 기별, 놓쳐서는 안 되리라. 줄 거면 미리 주지. 그러면 정들어서 못 떠나지.

산이 높으면 계곡 또한 그만큼 깊다. 높은 산과 더불어 계곡 탐방에도 힘을 쓰자. 현자는 산을 좋아하고 지자는 바다를 좋아한다는 말을 구체적으로 알아보자.

산이 아무리 높다 하고 계곡이 아무리 깊다 한들, 바다가 삼키면 어디 있는지 찾기 어렵다. 그만큼 바다는 거대하다. 그러나 문명은 아직 인공 아가미를 만들기 이전이므로 우리는 계곡에서 물을 마시고, 산 위에서 땀을 닦아야 한다. 그러므로 현명한 인간은 산을 좋아하고, 나처럼 바닷속이야말로 지구의 계곡이라고 상상이 가능한 자는 지자에 속한다.

치와와와 겨울비 (1)

겨울비가 얄밉게도 따끔따끔 내리고 있다. 추적추적 내린다는 그럴싸한 말은 왜 놔두고 겨울비가 아프다고 엄살을 피우고 있느냐고 묻지 마라. 자가용이 없기 때문이다. 자가용이 없으니까 자존심이 상해서, 상하니까 불쑥불쑥 가난이 아파서 겨울비마저 녹슨 철조망 같아서 그런다. 고마운 버스로 꼭 가봐야 할 곳에 가고 있다. 우산을 방패삼아 폈지만 귀한 물소 가죽 구두를 적시며.

큰길가에서 골목으로 돌아가려고 하는데 셔터 문이 내려진 은행 현관에 어찌된 셈인지 개 한 마리가 절반쯤 쓰러져 있다. 고개는 거의 뒤로 돌려 세우고 나를 쳐다보고 있는 자세니까 쓰러진 것은 아니다. 나도 뜻밖의 개를 발견하고는 자세히 들여다보았다. 털북숭이 치와와 종류인 것 같다. 애완견으로는 가장 흔한 것이라서 키워본 적이 없는 나도 안다. 비를 쫄딱 맞았는지 부들부들 떠는데 긴 털 사이로 빗물이 줄줄 흐르고 있다.

방치를 하면 그냥 죽을 수도 있을 것 같다. 금방 죽을까 염려되어 눈을 들여다보았다. 내가 보기에도 그 눈동자는 왜 이다지도 애처롭단 말이냐. 동그란 눈자위에 눈알이 까만 보석처럼 생겼다. 씨를 팔아먹을 년들, 똑바로 버리든지, 에잇 모르겠다, 볼 일이나 봐야지. 지나가는 사람들이 나뿐이 아니지 않는가.

볼 일은 잘 보았다. 상당히 중요한 일이기 때문에 여기서 밝힐 수 없다. 그 사이 잊고 돌아가는데 개를 다시 보았다. 살아 있다. 그런데 겨울비는 더 굵게 오고 세차게 온다. 개도 더 서러운 눈빛으로 나를 쳐다본다. 눈이 마주치니까 애써 몸을 더 떠는 것 같다. 그냥 갈 수 없어 미치겠네. 그냥 갔다가 여기서 죽기라도 하면 부정타서 나만 손해 보면 아아, 나는 순전히 손해 보는 것 아닌가. 누가 봐도 최소한의 조치는 취했다는 표시는 해야 한다. 우산을 낮게 쓰고 그 주위를 거닐어 보았다. 얼씨구, 임대 점포가 즐비하네요. 햄버거 점포도 문이 닫혀 있는데 철망 사이로 토요일 신문이 절반으로 접혀져 누워 있네. 그걸 꺼내서 이불삼아 개를 덮여주려니까 손이 닿질 않네. 부지런히 팔을 뻗어보는데 지나가는 사람들이 일정한 리듬으로 걷다가 혐오스러운 속도로 멈춘다.

할 수 없이 일어서고 돌아서는데 공사 중인 목재 위에 비닐이 씌워져 있다. 나무도 시멘트도 비에 젖으면 안 되지. 그러니까 목숨은 더욱 안 되지. 용감하게 그 비닐을 벗겨내는 동안 물소가죽 구두가

다 젖어 양말도 축축하다.

원칙은 마르고 깨끗한 수건으로 마사지해 주면서 털에 있는 물기를 제거해 주고 수식어가 부사인 뽀송뽀송이라는 말이 알맞도록 적절한 행위를 제공해야 하는데 이 근방에 수건이라고는 없다. 마른 걸레도 없다. 그렇다면 내가 입고 있는 내의라도 벗어서 개를 마사지하라면? 그건 곤란하지. 개는 개답게 살아야지. 최소한 개집이 있는 마당에서 살아야 제격이지.

개를 얼마나 건방지게 키우는지 철딱서니 없는 영걸과 한 침대를 쓴다는데 나로서는 기분이 꽝이다. 개가 똥이라도 마렵다고 낑낑대며 티슈라도 깔라는 신호를 보내면 반가운 미소를 지으며 바치는 것하며, 인간도 아닌 개가 혀를 힘껏 내밀어 얼굴을 핥으면 아예 꽃잎같은 입술 사이로 여린 혀까지 내밀어 맞대응하는 헌신에 그만 허무감이 밀려와서 괜히 서글퍼진다. 더욱 가관인 것은 상식으로 알았는지 몰라도 개는 초원을 달리는 야성이 잠재되어 있다며 운동시키려고 공원으로 데리고 나오긴 한다. 다행히 목줄은 잘하고.

개는 모처럼 야성 회복이 마냥 좋아서 냅다 달린다. 달리다가 적당한 곳에서 소변을 찔끔거리거나, 코를 찡끗거리는 것은 심심풀이 제스처가 아니고 계산된 본능이다. 개 뒤를 따라다니며 배려하는 것이 애완견에 대한 예우인 줄 알겠지만 천만의 말씀이다.

짐승에겐 서열이 반드시 있다. 먹을 것을 먹고 때로는 안 먹을 것도 먹어야 하고 먹힐 수도 있기 때문이란다. 개가 개 주인보다 앞서

가는 것은 개 주인보다 서열이 위라는 거다. 아예 주인을 깔아뭉개는 행위인 것이다. 절대 그럴 리는 없겠지만 개꼬리로 유방을 문지르고 싶다고 표현하면 브레지어를 풀지는 못 하더라도 느슨하게 매주면 안 된다. 그러니까 때로는 모질게 다루어서 절대 뒤따라오도록 조련해야 하는데 걱정이 태산이다. 나중에 결혼하여 아기를 낳으면 미운 네 살을 어찌 에듀케이션할 것이며 지독히 얄미운 일곱 살은 또 어떻게 카운슬링할지 조국의 미래가 염려스럽다.

이젠 먹을 것이 문제다. 얼마나 굶었는지 앞으로 얼마나 굶을지 막막한 상황이므로 무언가 먹을 것을 주고 떠나도 떠나야 한다. 한참을 걸어서 점포가 많은 곳으로 갔다. 다행히 문을 연 김밥집이 있어 들어갔는데 그냥 김밥은 안 팔고, 왕김밥만 판다는 거였다. 가격도 2,000원이다. 개가 다 먹을 수는 없다. 털을 깎은 맨 몸뚱이로는 잘 해봐야 내 팔뚝 길이 정도다. 500원짜리 초콜릿이나 사줄까? 가만 있자, 상술이 발달한 덕분으로 초콜릿은 연인끼리 주고받는 기호품인데 그 개가 내 연인이라도 된단 말인가. 여기서 옷깃만 스쳐도 인연이라는 분이 계신다면 119가 올 때까지 빗길에 누워야겠지. 아무튼 무엇을 사다 주면 좋겠는가? 새우깡, 좋다. 간편하고 저렴하고. 그런데 가격이 왜 720원이냐? 80원이 불편하구나.

물소 가죽 구두가 질퍽거리도록 개에게 달려와서 새우깡을 한 줌 꺼내 주었다. 그런데 힐끔 쳐다보더니 먹을 것으로 생각하지 않는 눈치다. 그렇다면, 나더러 어쩌라고?! 다른 사료를 구할 수 없어 짜증

내면서 무책임하게 택시를 타고 단골 표구점에 왔다. 새우깡을 풀어 놓았더니 어떤 여자 손님은 주인이 내어 놓은 커피로 안주삼아 잘도 씹어 먹는다. 아무튼 밤늦도록 창 밖은 온통 따끔따끔하다. 이런 겨울이 싫다. 그래도 날이 밝으면 거길 가고 싶다. 반드시 현장을 방문하는 범인처럼.

겨울비와 치와와 (2)

이튿날 아침은 날씨가 말끔하게 개었다. 겨울은 비가 그치고 날이 개면 기온이 내려가서 더 추워야 하는데 이미 봄기운이 번지고 있는지 모처럼 만나는 햇살이 나른하다.

다른 볼 일로 버스를 탔지만 개가 있던 그곳을 지나가게 되었다. 개가 있는지 반드시 눈여겨봐야 한다. 비 맞은 개 덕분에 수필 한 편을 쓰고 나니까 마음이 개운하니 그 개마저 없다면 곱빼기로 마음이 개운하리라는 생각이 든다. 예상대로 그 개는 없고 내가 놓았던 비닐도 없고, 굳게 닫혀 있던 은행문도 활짝 열려 있다. 똑똑한 척 어떤 결론을 내렸다. 누군가가 그 개 생존 여부와 관계없이 옮겼다고. 그래서 그 개의 흔적도 말끔히 사라진 거라고.

컴퓨터 학원에 도착하였다. '포토샵' 을 공부하는데 졸음이 밀려온다. 어제 늦게 잤고, 봄 햇살이 나른하고, 또한 환갑이 넘은 몸이라서 더욱 그런가 보다. 한 시간 반을 어떻게 보냈는지 졸음에 젖어서 비몽사몽 헤매다 보니 수업이 끝났다. 내일 와서 안개 낀 부두를 황혼에 물든 항구로 바꾸는 '클라이언트'는 다시 복습해야 되겠네.

점심 먹으러 버스로 집에 갔다 오려면 왕복 2천 원이 들고, 시간 또한 1시간 반이나 소모해야 한다. 대신 고기국수집에 가서 고기국수를 사 먹으면 곱빼기도 4천 원이고 먹는 시간까지 30분이 걸릴 뿐이므로 졸음에 겨운 김에 국수를 먹기로 마음먹었다. 졸음을 참으며 먹었지만 국수는 따뜻하고 푸짐하고 듬삭하였다.

남의 부인도 잘 모셔다 드리는 죄목으로 자가용 금지령 복역 때문에 비록 버스를 타는 입장이라 쑥스럽지만 나도 개인 사무실은 있어서둘러 가서는 낮잠을 청했다.

눈을 뜨고 보니 무려 2시간 넘게 잠을 잔 거다. 주간반 무도장 타임이 끝나갈 시간이었다. 갈까 말까 하품을 하면서 일어났는데 온몸이 가뿐하다. 늦었지만 아쉬운 대로 30여 분이나마 신나게 플로아를 밟을 수 있을 것 같다. 몸이 개운하니 사방천지가 시원하게 눈에 들어온다. 먼 곳을 보면서 걸어도 발 밑 구렁도 다 보인다. 흔히들 발목이 삐면 재수가 없다고들 하는데 사실은 심신이 피곤해서 생기는 불상사인 것이다.

무도장 근처에 붙인 전단지가 눈에 들어온다. 다른 날 같으면 신경 쓰기도 싫겠지만 호기심으로 자세히 들여다보았다. 웬걸, 개를 찾는 전단지인데 바로 어제 내가 본 그 개와 똑같이 생긴 개 사진이다.

종별도 있고 이름도 있고 나이도 적혀 있다. 전단지를 보면서 퍼뜩 알았다. 두 개는 푸들 종류이지 치와와가 아니었다.

생각해 보니까 치와와는 아드레날린 이상으로 개구리 눈알처럼 얄밉게 튀어나온 눈을 가진 주제에 털은 빈약하면서도 깔끔하게 돋아 있는 비교적 작은 애완견임을 상기했다. 성질도 더러워서 제 마음에 안 들면 박쥐 같은 송곳니를 드러내며 포악하게 짖어대는 물건이 치와와이므로 전단지 개나 그 개는 푸들 종류인 것이다. 하여간에 두 개와 나와는 무슨 연유로 오늘 다시 이어지는지 의아하고 심란하다. 전단지 구석엔 작지만 예쁜 글씨로 '사례는 원하는 대로 해 드릴 게요.' 라고 쓰고 아예 붉은색 러브마크까지 붙어 있다.

아뿔싸! 어제 그 개를 사무실에 데려다가 마른 화장실 걸레로나마 대충 닦고 헌 옷이라도 덮고 김밥 한 줄 사주고 하루만 묵혔다면 자랑스럽게 전단지에 적힌 핸드폰 번호를 울릴 것인데 안타깝다. 재수 없는 날을 '개 같은 날' 이라고 하므로 춤이고 뭐고 그냥 집으로 돌아섰다.

내가 생각해 봐도 나란 놈은 엉뚱한 구석이 있는 놈이다. 어릴 적에도 용량 이상으로 호기심 부리다가 집 잃어먹기 일쑤이고, 초등학교 시절에도 남이 보는 만화책을 옆눈으로 먼저 읽고는 심심해 하다가 날이 어둑해져야 집으로 돌아가면 헤진 갈옷을 입은 어머니로부터 어디 가서 죽은 줄 알았다며 반 죽게 매를 벌곤 하였었다. 그런 정서 불안이 커서도 쭈욱~ 이어져서 목이 긴 사슴 같은 마누라가 전복 죽을 끓이고는 식어서 데우며 기다려도 포장마차에서 떠들며 소주를 너무 들이키고 그냥 널브러져 자는 외박을 상습적으로 한 죄업으로 찬란한 가난에 시달리며 오늘도 싸구려 사무실에서 거의 하루해를 팔고 있는 실정이다.

그나마 과음 탓에 콧등 혈관이 밖으로 번졌는지 코가 붉게 보이고 폐 수술 받은 적도 있어 담배마저 끊은 지 오래이다.

집 밖으로 나서면 사방팔방이 호기심 천국이고, 낯선 상황이 마냥 흥미로운 이 발칙한 성격, 아마도 조상 중에 어느 조상의 묘를 잘못 쓰지나 않았는지.

돈이 안 되는 일이기에 남들이 애써 외면하는 문학을, 그것도 시나리오나 써야만 어쩌다가 큰돈이 되는데 실력은 없어 못 쓰고, 깨진 쪽박이나 다름없는 시를 쓰는 천박한 문인이 바로 나다.

비록 돈은 못 벌어도 늦게 귀가하는 성의나마 보여야 하건만 오늘은 초저녁에 집에 돌아와서 밥통에 있는 밥을 스스로 찾아 먹고 화장실 거울을 들여다보며 미안한 말씀을 중얼거려본다.

말을 더듬고 대소변을 늦게 가린 아이처럼, 집을 자주 잃어버리고도 환갑이 넘도록 사는 나는 크게 망할 일이 없으나 잔잔한 고통으로 가늘고 길게 개 전단지를 살피며 살고 있음도 고마울 뿐이라고 말이다.

버스를 기다리며

나는 버스를 타야 하는 형편으로 전락했다. 자가용이 없으니까. 사실은 택시 탈 돈이 아까워서. 또한 제주도엔 지하철이 없어서. 그래도 비행기는 간혹 탄다. 배를 타는 것보다 비싸지만 용건이 급할 때가 많아서. 또한 제주도가 섬이니까 해저를 달리는 기차가 생길 때까지 육지 나들이는 비행기를 타게 될 것이다.

이 겨울 기상대 발표로는 20년 만의 초겨울 강추위란다.

제주도 12월은 눈 없는 크리스마스가 전통인데 초입부터 화끈하게 눈이 쌓이더니 삼한사온도 무시하고 연일 눈보라 휘날린다. 때마침 13년이나 귀하게 탔던 내 자가용 봉고차를 쉬게 한 특별한 연말이기도 해서 대중교통 수단의 발, 버스와의 만남이 자주 이루어지고 말았다.

제주시 서민의 대표적인 버스회사가 도산하고 말아 일부 운송회사가 운영하는 버스만으로는 버스 타기가 이토록 힘이 들 줄 꿈에도 몰랐었다. 이제 알았다. 버스를 잘 기다리려면 모자도 필수품에 가까웠고, 아니다 써야 좋고, 장갑이나 목도리도, 원칙적으로는 들고 다니는 가방이긴 하지만 유사시에는 등에 질 수 있게 만들어진 가방도 필요하다는 사실을 알았다. 버스 노선을 알기 위하여 버스에 적힌 행선지 숙지를 위하여 버스 번호도 상당히 중요하다는 것도 알았다. 버스를 잘못 타는 시행착오를 많이 한 손해 때문에. 버스 카드가 없으면 천 원권은 반드시 주머니에 있어야 했다. 또한 500원짜리 동전도 많이 있을수록 좋았다.

자가용 탈 때는 창에 선팅을 하여 자신의 노출을 자의적으로 할 수 있었는데 버스 속에서는 버스 기사만 빼고 버스 손님이라는 신분이 같기 때문에 차창에 선팅까지 할 필요가 없고 대신 커튼은 있다. 버스가 귀하던 옛날에는 사람들이 가까운 거리는 되도록 걸어서 다녔기 때문에 종종 아는 사람을 길에서 만나면 그냥 안부를 주고받거나, 많이 반가우면 인근 다방에 가서 차도 마셨건만 지금은 버스보다 자가용이 엄청 많아서 길거리엔 사람이 거의 없다. 거의 다 차를 타서 이동하니까. 그런데도 걷는 사람들은 나처럼 자가용이 있다가 없는 사람이거나 아직 학생 신분이거나 차 운전이 두려운 여인들이거나 기름 한 방울 나지 않는 나라에서 자가용은 무슨 얼어 죽을 사치냐고 고집하는 사람들이거나 아이들이 태반이다.

이젠 형편에 의하여 많이 걷게 되었다. 공원 산책로를 구태여 걷지 않아도 된다. 다행히 길에서 아는 사람을 만나기가 어려웠다. 다들 자기 자가용을 잘 타고 있으니까.

그래도 버스를 기다리는 연도가 길어지면 친구들은 버스 정류소에서 첫사랑을 기다리는 사나이처럼 애타는 내 모습을 발견하고 말 거다. 반가워도 그냥 지나치고 말 거다.

그래도 저녁 사주겠다며 너 좋은 곳에서 만나자는 핸드폰은 올 거다.

이번 겨울에 장갑을 사면서 두 개를 샀다. 하나는 건설 현장 일을 하는 작은아들에게 주기 위하여. 또한 이 겨울부터 내의를 입을 결심을 했기 때문에 장갑 사는 김에 내의도 두 벌을 샀다. 한 벌은 여성용으로 아내 거다. 그리고 큰아들에게는 목도리를 사서 주었다.

버스를 정답게 타기 시작한 지가 겨우 보름밖에 안 되어 자가용이 있던 시절과의 금전 차이를 아직 실감 못하고 있다. 지출이 비슷하다는 느낌은 든다. 시간 절약은 자가용이 두말 할 나위가 없고 심부름 아니 하기는 버스가 용이했다. 걷는 것은 산책이기에 버스를 기다리거나 버스를 타서 운전하지 않고 앉아 있는 동안은 사색의 공간이다. 자가용 탈 형편이 아니라서 빈곤층 서민이라는 노출만 아니라면 거리를 걷는 발걸음이 더 당당할 수 있을 터인데 아직도 나는 정신을 덜 차린 백수이시다.

왕년에 체육관 관장 시절, 배워두었던 운동 대신으로 착한 아내 속이며 배운 사교춤도 가슴 졸이며 출 이유가 없어지게 되어 모처럼 내가 신선한 젊음을 되찾은 기분이다. 많이 걸어도 비교적 발이 편한 구두도 애써 마련해야 한다. 아울러 공식적인 자리에 가도 티 나지 않는 구두라야 한다. 자가용 탈 적에는 거리의 풍경을 읽는 관찰력 대신 차선 신호에 신경을 썼지만 이젠 버스 차창을 통하여 거리 풍경은 물론, 가난이 주는 삶의 의미를 한층 심도 있게 체험하면서 그만큼 멋진 수필로 가공할 생각이다.

위대한 자존심은 가장 치욕적인 열등감에서 탄생한다는 말이 있다. 제주도 전역이 온통 눈 세상이라던 날, 제주시 광양로에서 버스를 눈이 빠지게 기다리는 동안 옷에 묻은 눈을 털어 내며 발을 부지런히 굴리는 동안은 사세부득이 거리 풍경을 제대로 못 보았지만 겨우 버스에 올라타고는 전혀 낯선 남자와 여자들 틈에서 옷이 구겨지는 동안 안도의 한숨과 함께 슬며시 미소도 흘렸다. 옛날 제주도 처녀가 서울에 가서 버스 차장을 하면서 표준어를 구사하느라고 하는 말이 "모두 탔어요?! 게믄, 오라잇!"

이제 종점에 가까워질수록 사람들이 내리면 나는 자리를 차지하고 앉을 것이다. 그러면 살짝 차창을 열고 바람 매서운 거리 풍경을 엿볼 것이다. 숲을 떠나야 숲이 보인다고 자가용 없어봐야 버스의 고마움을 안다는 기막힌 경험을.

버스와 자수성가

버스를 탈 때는 겸손한 표정을 지어야 한다. 자기 차가 아니니까. 버스 회사 사장은 이미 자가용을 타고 다닌다고 봐도 별 무리가 없겠다. 버스 회사를 경영할 정도면 자가용을 타도 되니까.

아무리 양복을 잘 입고 폼을 잡아 보아야 버스 속 풍경은 서민적이고 미니스커트 차림의 아가씨의 곡선이 아무리 아름다워도 눈요기는 하겠지만 버스 속 핫팬티 풍경 또한 서민적이다.

버스를 타고 빈자리를 확인하는 눈길이 내가 그랬던 것처럼 짧은 순간이지만 좌석을 쭉 훑어보느라고 잠시나마 빈 좌석에만 몰두한 나머지 나는 무념무상無念無想의 경지에 들어서게 된다. 예를 들면, 뷔페 요리를 고를 때 자신을 잠시 잊어버리는 무아의 경지라고도 할 수 있다.

나이 지긋한 신사가 위엄을 떨어도 버스 승객이고, 젊은 여인이

미모를 앞세워도 버스 승객이기에 빈자리가 없으면 서서 가야 한다. 학생들이 자리를 양보할 때가 있는데 당연하다는 표정으로 얼른 앉아서는 곤란하다. 미움받기 십상이니까. 지금까지 살면서 도대체 얼마나 근면 성실 안 하고 살았기에 자가용은커녕 택시도 못 타는 주제가 피곤한 학생을 더 피곤하게 한다는 핀잔을 듣기 알맞다. 중고등학생의 수업은 7교시가 기본이다. 50분 수업에 10분 휴식인데 보충수업, 과외수업까지 받으면 10시간을 웃도는데 이건 공부가 아니라 중노동 수준이다. 학창 시절의 나는 정말이지 공부하기가 싫었다. 그래서 성적이 바닥이었다.

불우한 집안 사정과 찰떡궁합으로 공부가 싫었으니 대학 안 가는 효도도 했으니 가난이야 새삼스러울 것도 없었지만 그런 가난 때문에 멸시와 능멸을 받아내느라고 하루하루 삶은 피곤하지만 싫어하는 공부를 하기 위하여 버스를 타는 것이 아니니까 비록 환갑이 넘어도 버스를 탔으면 서서 가겠다는 기본 신념이 필요하다. 서서 간들 30분 내외의 거리이고 하는 일이 그만큼 적어 비교적 노는 시간이 많으니까 오히려 앉아 있다가도 몇 정류소 미리 일어나서 출구 가깝게 서서 가는 기지도 필요하리라.

제주도에서는 거의 없는 현상인데 서울에선 가끔 술 취한 버스 승객이 멀쩡하게 운전기사에게 폭력을 행사한다는 뉴스를 접할 때가 있다.

버스 타야 하는 주제라 술맛도 지독히 썼는지 눈이 휘돌아서 등받이도 근사한 좌석에 선글라스를 끼고 하얀 면장갑 낀 손으로 대형 버스를 요리조리 운전하는 기사가 오만한 상류층으로 착각하고 그런 만행을 저지르는 것 같다. 버스기사는 상식적으로 서민에 속한다. 일과가 끝나고 귀가할 때 대개 버스나 지하철을 이용한다.

물론, 일급 운전면허증 소지자이기에 형편에 의하여 중고 자가용 소유자도 더러 있겠지만. 그러니 만원버스에 브래지어가 형편없이 우그러져도 악착같이 참는 아가씨처럼 술값이 가장 싼 소주에 취한 버스 승객은 우선 스스로에게 미안한 마음으로 조심스럽게 동승해야 할 것이다.

그런데 가끔 버스 속에서 안 뵈어도 될 분들을 만나질 때가 있다. 전 대학총장님과 고등학교 선배로 백넘버 10번 축구선수이다. 공부 못 해서 대학교에 못 간 나로서는 대학교에서도 최고이신 총장님을 버스에서 뵙는다는 사실이, 그것도 노년을 버스에 의지하고 계신다는 겸허한 현실이 나를 더욱 조마조마하게 하고, 우리 고교응원가를 그 선배의 활약에 힘입어 목이 터지라고 외쳤던 추억도 자주 만나는 버스 속에선 솔직히 말해서 아무렇지도 않아야 원칙이지만 민망한 건 어쩔 수 없다.

아무리 냉정하게 판단을 해도 버스기사는 신용이 있다고 검증된 인물이다.

승객들의 습관으론 절반 정도는 카드 대신 현찰을 내고 타지만 감시하는 회사원이나 삥땅을 나눌 차장이 없어도 될 만큼 신용이 있기에 회사에서는 새벽부터 밤늦게까지 매일을 맡기는 거고, 승객 또한 마음놓고 타는 거고, 그의 가족 또한 무사고 운전을 기원하며 성실한 가장을 기다리며 살고 있는 것이다.

좌석을 양보해 주지 않는다고 요즈음 학생들이 예의범절이 없다며 괘씸하게 생각하기 전에 가슴에 손을 얹고 나는 나를 돌아봐야 한다. 왜 자가용이 없는지, 왜 택시를 못 타는지, 왜 아직까지 살고 있는지를.

노인과 옹고집

노인이라는 말이 상당히 불쾌하다. 불쾌하지만 어쩔 수 없다는 사실이 슬프다. 슬프다고 해본들 슬픔이 더 슬퍼지기에 노인이라는 말을 할 수 없이 받아들인다. 노인의 고집은 옹고집이라고 한다. 그다지 좋은 고집이 아니기에 나쁜 의미로 쓰임새가 많다. 노인이라는 말을 기꺼이 수용해야 한다면 옹고집이라는 말도 수용할 수 있어야 한다. 노인이 되도록 오래 살았으면 세상에 숟가락 하나라도 남겨야 하지 않겠는가.

우선 '老'라는 한자를 깊이 들여다보자. 흙이라는 뜻인 土(토) 아래 빗금이 하나 그어져 있고 그 아래 비수가 들어있는 형상이다. 즉 칼이라는 뜻인 匕(비)자를 합쳐 '老'가 되었는데 왜 늙은이라는 뜻에 칼을 품게 하였는지 나도 노인이 되면서 짐작이 갔다.

'老'의 빗금이 교묘하게 절반은 땅을 파고들어가서 지상과 지하를 연결한 형상으로 '살면서도 죽음을 생각하라.'는 화두를 주는 것 같다. 또한 땅속에 들어가는 것은 한이나 원이므로 비수를 가슴에 꽂듯이 절대 죽음으로 견디라는 철학이 숨어있는 것이다. 더 쉽게 말하면 이미 반은 죽은 상태라는 것이다.

그래서 '人'은 너와 내가 서로 등을 기대고 서 있는 모습이라 내가 노인이 되면 너도 노인이 되고 노인은 드디어 모두 죽어 비수를 품는다는 노인老人의 뜻이 완성된다.

그래서 효孝자는 노老와 너무나 닮았다. 늙은이가 들어갈 자리에 자식이 있다는 의미이니 돌아가신 부모님도 자신의 부모가 있었으니 지극정성으로 효도를 해야 한다는 암시이다.

이젠 옹고집을 말하겠다. '옹고집'이라는 말을 곰곰이 생각해 보니까 퍼뜩 '옹골찬 고집'이라는 말이 떠오른다. '옹골차다'라는 말을 어떻게 하면 탁 트이게 보여줄 수 있을까. 내 혈관을 흐르는 흰 피톨이라고 할까? 아니다. 덜 늙은 사람은 얼른 눈치채지 못하니까 폐광 속에 묻혀 있는 금괴라고 하면 훨씬 이해하기 쉬울 것이다. 사실 고집은 집념이 굳어져서 바위처럼 단단해진 물체이다. 나름대로 육십이 넘도록 살다 보면 삶도 허무도 아무것도 아님을 알게 된다. 한편으로는 '악도 일단을 긍정한다.'는 명언도 깨닫게 된다. 자신이 걸어온 길 고백하노니 시작은 악이었다. 처음부터 괴로운 길이라 악의 길이지만 악이 끝나는 지점에 선이 있음을 비로소 깨달았을 때 우리는 노인이 된다. 노인이 되니까 '세월이 나를 부린다.' 라는 화두가 나를 붙잡는다. 나처럼 오래 살 그대들을 위하여 나의 상황을 설명하겠다.

나는 시인이다. 시가 돈이 안 되는 줄 뻔히 알면서도 시를 엄청나게 많이 썼다. 시 쓰는 일이 악업惡業이었지만 시 쓰는 일이 좋아서, 시라도 많이 써야만 일하기 싫은 게으름을 감출 수 있었기에 더욱 그랬다. 그래서 지금은 마음만 먹으면 시 한 편은 거뜬히 쓸 수 있게 되었다. 작품의 질이 문제이긴 하지만. 진짜 중요한 말은 이것이다. 시를 쓰려고 하지 않는데도 저절로 시가 생각나서 잠자다가도 벌떡 일어나야 할 때가 많아진다는 것이다. 참으로 금맥을 발견한 탄광업자라고나 할까. 젊었을 때 부지런히 한 길을 개척한 결과물로 저절로 땅에 떨어진 과육을 그냥 줍기만 하면 되는 것이다. 그러니까 연륜年輪이 쌓이면 쌓일수록 추구한 것은 더욱 심화되어 신선의 경지 비슷한 지점에 이른다고나 할까.

나이가 쌓인 세월에 뇌 세포도 많이 죽은 상태로 새로 시작하는 일을 과정으로 만족한다면 미완성 보기가 그리 나쁘진 않지만 그럴 노력이면 그동안 드넓게 길을 낸 자신의 전공분야를 심화하는 것이 훨씬 능률적이다.

그러나 사람을 아끼는 마음만은 예외 조항을 설치해야 한다. 비록 타인 때문에 일생을 망쳤다고 할지라도 증오는 하되 표출하지 않고 평상심을 키울 수 있는 상태를 지닐 수 있어야 한다. 그 장치는 무관심이다. 무관심은 무관심이지 미움이거나 편애는 아니다.

그러나 자신의 삶에 대해서는 적극적이 되라. 성욕도 명예욕과 비슷하다. 특정인에 대해서만 정력이 발생하므로 그런 열정으로 명예를 위한 집중력을 키우는 훈련을 스스로 개발하라. 노인의 고집은 옹골차야 하는 이유는 얼마 남지 않은 삶을 마무리하기 위한 최후의 저항이기 때문이다. 그러나 길게 잡아서는 곤란하다. 내 개인적인 생각으로는 칠십대 중반에서 정상에서 한 걸음 물러서는 미덕도 필요하다. 재산 또한 적절히 가족과 사회에 분배하길. 옹골찬 고집이 아집이 되어 이웃들에게 추하게 보이면 그 늙음은 구더기나 비슷하므로 명심할 일이다.

5월은 시퍼렇게 멍든 달

5월은 가정의 달이라고 한다. 가정의 달이니까 가난한 사람은 무척 피곤한 달이다. 이왕 가정의 달을 만들려면 좀 나누어서 만들지 왜 하필 5월에만 '어린이 날', '어버이 날', '스승의 날'을 무더기로 편중시켰는지 무식에 가까운 배려가 언짢아진다. 거기다가 '부부의 날'도 5월에 있다.

월급쟁이거나 개인 사업을 한다고 해도 5월이라고 특별히 풍족하지 않다. 5월에 금전을 들여 자식 챙기고 부모님 돌아보고 스승님 찾아보려면 심리적으로도 시달림이 크다. 이왕 특별한 날을 정할 거라면 5월에만 '어린이날'로 정하여 입학이나 새로운 학년을 격려해 주고, 여름철이나 되어 '스승의 날'을 정하여 사제지간의 정을 돈독히 하면 더 좋을 것이고, 늦가을이나 되어서 '어버이 날'을 정하고는 그 달만이라도 자식들이 부모님을 최고로 모시면 서민들도 경제적인 부담이 덜 가서 얼마나 좋으냐 말이다. 이왕 하는 거 다달이 시달림 받지 말고 한꺼번에 치르면 좀 좋겠냐고? 좋기도 하겠다.

어린이의 입장에서 생각해 보자. 5월 5일 하루만 왕의 자식 대접 받고는 며칠 안 되어서 부모님께 그 환대를 갚아야 하니 이건 엎드려 절 받기다. 거기다가 스승의 날이 목전이니 '어린이 날' 기쁨은 반감되고 만다. 그나마 초등학교 저학년 시절에는 철몰라서 마냥 즐겁기는 하겠지만 추억으로 곱게 자리잡기도 전에 들이닥친 '어버이 날'의 마음 갚음에 씁쓸해 하면서 성장하기 때문에 우리나라 아이들은 '오월은 푸르구나.' 라고 마냥 좋아하지 않는다.

거듭 융통성을 강조하지만 5월에 행사가 많은 것은 가진 자를 위한 배려인 것만 같다. 안정도가 중류 이상의 가정은 돈 여유는 있고, 시간은 없고, 챙겨주고 싶은 생각은 있으나 여러 번 신경쓸 여유가 없기에 좋다구나 하고 5월에만 지정했다는 느낌이 든다.

어린이를 키우는 젊은 서민들. 5월은 엄청나게 피곤한 달. 살림나서 얼마 안 됐기에 자기 집 장만 못한 가정이 태반이고, 직장에서도 초임 그룹이니 거의가 직급이 낮아 연봉이나 상여금도 그만큼 적어서 주택부금이라도 부으면 살림살기가 빠근하다.

때문에 날마다 가계부 꾸리기도 벅찬 데다가 낳아주시고 키워주시고 살림나게 도와주신 부모님 은덕이 아직도 뜨거운 시기라 어느 정도 기반 잡으면 두고두고 갚겠다는 효심은 5월에 내리는 꽃샘추위처럼 가슴 시리고, 성년이 된 지금도 가르침만 받는 입장이라 삶의 완성을 위하여 정진하라는 선생님의 기대감을 포함하여 모든 고난이 인생의 스승인 시절이므로 젊은 부부에겐 철조망처럼 다른 행사와 겹쳐진 관계로 제자로서의 마음가짐도 버겁기만 하다.

이 힘겨운 무게는 시부모님, 장인장모님, 남편의 은사와 아내의 은사까지 망라하면 이중적 부담감으로 짓누르기에 아이들을 위한 배려를 축소시키거나, 어느 은덕에는 애써 배은망덕으로 지나칠 수 밖에 없는 경우도 생긴다. 가뜩이나 인구 감소로 사회 발전에 장애가 많은데 삶이 이토록 지겨워야 하느냐고 반문을 하게 되면 젊은 부부는 출산을 포기하는 지경에 이를 수도 있다.

5월을 계절의 여왕으로 재추대할 의사는 없는지 묻고 싶다.

스승의 날을 8월 초에 정하여 여름방학 공백 기간에도 스승님의 인품과 가르침을 잊지 않게 각별한 만남을 창출하면 얼마나 좋을까.

노인은 동절기에 사망률이 높다고 한다. 추위가 몰아닥칠 겨울을 예비하여 11월 하순에 '어버이 날'을 정하면 상당히 좋겠다. 연로하신 부모님 찾아뵙고 겨울나기를 잘할 수 있도록 난방을 점검하고 전기 옥장판과 고급 내의도 사다 드리면 정말 좋아하시겠지.

5월은 소생하는 만물처럼 어린이가 무럭무럭 자라는 달이며 청춘남녀가 데이트하기 좋은 달이다. 젊은 부부가 신나는 아이들을 데리고 그 달만이라도 큰 부담 없이 삶의 재충전 기회가 되었으면 한다.

슬픈 코골기

그대의 남편이나 아내가 코를 곤다. 듣기만 해도 잠자는 모습이 썩 아름답지 못하다는 증거다. 매일 골았는가? 젊었을 적도 그렇게 코를 골았는가? 젊은 혈기로 일을 많이 하여 피곤하여 깊은 잠에 빠졌을 경우, 깊은 숨쉬느라고 숨소리가 컸는지 몰라도 코를 그다지 심하게 골지는 않았다. 긍정적인 상황과 적극적인 수면 상태에서 고는 콧소리는 옆에서 듣기에도 그다지 거부감이 없다.

반복되는 리듬이 일정하고 어쩐지 활기차서 당연한 느낌을 받기 때문이다. 그래서 힘이 넘치는 젊은 날은 깊은 수면 상태에서도 자기 방어나 제어를 잠재의식 속에서도 활용하기 때문에 유독 몸에 이상 징후가 있거나, 크게 마음이 상하지 않은 날은 꾸는 꿈도 능히 잠결을 도와주므로 대체적으로 육체나 정신이 건강한 상태인 것이다.

술을 많이 마시는 사람은 술을 많이 마신 후 잠을 자면 거의 코를 곤다고 해도 큰 무리는 없다. 원칙적으로 코를 고는 것은 몸이 시달리고 있다고 하소연하는 무인도 백사장에서 피우는 구조신호의 연기인 것이다. 여기서 시달림이란 스트레스를 말하는 거다.

술 마시는 날이 반복되고 세월에 체력도 점점 약해지면 그 비례로 코골기는 커지고 길어진다고 보는 편이 어법상 맞아떨어진다. 그러니까 코를 골고 싶으면 술을 많이 마시라고 권해야 옳은가! 부부싸움을 하면 코를 더 골까? 부부싸움을 자주하고 크게 하면 남편 코나 아내 코가 더불어 소리도 크고 힘차게 많이 골 것이다. 왜? 부부의 말다툼이나 세간 부수는 행위가 오고간 상황이 정신적이나 육체적, 사회적으로 자신에게 시달림을 주고 있음이 명백하니까 하는 말이다. 솔직히 말해서 젊은 날은 아내나 남편이 그다지 불쌍하지가 않았다. 젊음이라는 신기루 같은 부동산이 있었으니까. 그래서 아내가 섹시했고, 남편이 늠름해서 서로 통하는 만큼 나체로 만난 밤에 자는 잠이 당연히 깊었어도 코골기는 덩달아 그만큼 혈기왕성하여 듣기도 좋았다.

50대가 지나면서 남편인 나도 실직을 했고 남편인 남들도 많이 실직을 당했다. 연금을 사업실패로 날렸거나 친족의 빚보증으로 오히려 빚쟁이로 전락했을 경우 나의 아내나 그대들의 아내들도 직업전선으로 내몰린다.

처녀 시절엔 바퀴벌레가 무섭고 신혼 시절은 쥐마저 무서웠던 꽃다운 미인들이 막강한 중년 여인이 되면서 뱀도 아니 무섭고 밤길도 아니 무서워진다.

어쩌다가 억울한 일이 생기면 우렁차게 고함을 칠 만큼 기백이 넘치게 되고, 당연히 멋지고 여유가 넘치는 노후를 예비하여 온천장에서 혈액순환을 도와서 피부를 보호하고, 문화센터에서 자기계발을 위한 시간을 투자해야 마땅함에도 중후한 여자로서 평생 지녀야 할 위엄도 깡그리 반납하고 등 오그린 여자가 되어 썩 좋지 않은 상태로 늙고는 당연히 보수나 근무 조건이 나쁜 공장이나 식당에서 일을 해야 하는 신세의 코골기는 과연 어떨 것인가.

근심으로 잠 못 이루는 밤에 토하는 한숨도 사실은 뜬 눈의 코골기인 것이다. 가난이 만리장성인 데다가 피로에 휩싸여 자는 잠은 잠 못 이루는 밤의 한숨인 것이다. 어느 시인의 혜안처럼 나무줄기는 허공에 내린 뿌리라는 것이다.

사람은 부아가 치밀면 열받게 되어 있다. 열받으면 체력 소모가 증가하기 마련이다. 늙을수록 기능이 떨어지기 때문에 체력소모 또한 더하다. 중고차가 기름을 더 많이 먹듯이. 그래서 아닌 밤중에 늑대 울부짖듯이 코고는 역사는 시작되었다.

사람이 살아가면서 좋은 것도 나쁜 것도 많다. 그 중에서 '두려움', '억울함', '어리석음' 도 나쁜 방향으로 코고는 데 한몫을 톡톡히 한다고 말하고 싶다.

두려움이 증가하면 무서움으로, 무서움이 가중되면 공포로 발전하는데 공포는 건설적인 자기방어기제가 아닌 것이다. 공포는 슬픔의 심연이다. 그래서 두려움에 사로잡힌 잠이나 슬픈 잠도 코골기가 심각한 것이다.

이쯤에서 간과하기 쉬운데 억울한 아내의 독기어린 슬픈 잔소리가 지속적으로 고비 사막 한 줌의 먼지가 될 정도로 하염없으면 코고는 것만으로는 죄송스러움을 견딜 수 없어 치매로 부활할 가능성이 높다.

엊그제 신문 사설에 쓰인 문장처럼 '중년 아내여 복수심을 잊어다오.' 라는 기사는 서로 화해와 소통을 위한 때늦은 제안일까.

잠옷 입고 곱게 자는 아내를 보면서 침을 삼키는 것은 조건반사이고, 코를 크게 골면서 자는 아내를 보면서 가만히 손을 잡는 것은 측은지심이다. 자신이 얼마나 아프게 코를 골았는지도 모르고 출근 준비하는 아내의 무표정이 사뭇 송구스럽기에 더 늦기 전에 술과 담배를 멀리하고 식을 줄 모르는 인기를 제거해야만 한다.

그 뉘우침 덕분으로 이미 늙고 뇌졸중으로 반신불수가 된 남편에게 다만 인간이기에 불쌍하다는 그대의 아내가 밤 새워 수발을 할 때 이 지상의 거룩한 여신임을 믿어 의심치 않으리.

춤추는 가난

가난한 사람들은 가난한 사람들과 어울려 산다. 가난한 사람이 부자들과 더불어 살기란 현실적으로 불편하다. 제주 속담에 '숭어가 뛰니까 복어도 뛴다.' 는 말이 있듯이 전문적으로 뛰는 숭어 흉내를 내려다가 복어는 원담(바닷가 돌그물)에 배 걸려서 애석하게 죽는다는 설법처럼 가난한 사람은 가난하게 살아야 편한 법이다.

그러니까 부자는 식사 개념이 싸고 양 많은 식사보다는 비싸고 맛있는 음식을 선호할 것이므로 가난뱅이와 기본 마인드가 다르기 때문이다. 그래서 단순하게 만나는 경우가 대부분이지만 어떤 조건에 의하여 평생 상부상조하는 경우도 있다.

부자의 덕담은 '베풀면 좋다.' 이고 가난뱅이의 덕담은 '배 불면 좋다.' 인데 어찌된 영문인지를 곰곰이 따져보는 것도 좋을 듯싶다.

모든 생명체는 목숨이 아까운 법이다. 사람은 더하리라. 돈은 현실을 살아가는 조건에서 목숨을 보전하는 데 중요한 자산이므로 엄청나게 귀하다. 그래서 부자가 가난뱅이에게 돈을 주기도 한다. 많이는 안 준다. 많이 주면 그도 부자가 되기 때문에.

무엇이든지 내 마음에 들어야 편안하다고 스스로 누리는 자유야말로 내가 원하는 삶이기에 잘사는 거고 오래 살게 되는 거지만, 돈은 원천적으로 목숨을 보호하는 최첨단 병기인 것이다. 그래서 부자들은 늠름하다고 본다. 큰 마음먹고 가난뱅이를 도와주려고 잠시 곁에 불러들이긴 한다. 그냥 자선을 베풀 수는 없고 일이라도 시켜서 돈을 주는 급여 형태로 일정한 기간 상부상조하기도 한다.

그러나 가난이 꼭 죄인 것 같은 것은 피할 수 없는 사실이다. 아무리 너그럽게 생각해도 가난은 게을렀기 때문에 발생한 재난임을 부인하기 어려운 것이다. 그래서 근본적으로 가난은 밉상이다. 국어사전에도 가난의 원말은 간난艱難이라고 적혀 있다. 간난이란 '몹시 괴롭고 귀찮은 삶' 이라는 뜻이란다. 참으로 가난이 실감나는 대목이다.

부자는 부자끼리 살아야 마음도 편안하고 또 잘 어울린다. 돈을 꿔달라고 애걸복걸해서 인정을 시험받을 걱정이 없고 가난 때문에 빚어지는 갈등으로 인한 화도 입지 않을 것이기에 부자끼리는 마음의 여유가 있어 꾸밀 수 있을 만큼 예의도 바르고, 돌아가면서 호의도 베풀 수 있는 것이다.

가난뱅이는 부자에게서 얻어먹는 형식으로 만나지게끔 되어 있다.

물론 부자가 돈을 쓰는 것은 당연하다. 돈이 많으니까. 쓰다가도 남으니까. 쓰다가 남지 않으면 안 되니까.

그런데도 불구하고 부자도 인간이기에, 왜 나만 피 같은 돈을 축내야 하는지를 생각하면 부아가 치밀어 불특정 화살을 날리며 가난뱅이 가슴을 아프게도 할 때가 종종 있다. 그럴 때마다 서글픔으로 단련된 가난뱅이는 고맙고도 미안한 마음으로 내시처럼 슬며시 자리를 피해버린다.

부자와 맞장 뜨기가 현실적으로 어렵고, 일방적으로 굽실거리는 마음을 유지하기도 어느 정도이지 힘든 건 사실이고, 어찌 요행도 바라기가 거북한 건 말 안 해도 아는 터. 그러기에 속속들이 속병마저 아는 가난끼리 통하고자 어울려 살게 되는 거다. 힘들고 어려운 일은 가난뱅이의 몫이다. 그게 삶인 것이다. 살기 어렵지 않으면 누가 부자가 되려고 각고의 나날을 보내지 않을 것이며, 누가 가난한 삶을 통탄하지 않으랴.

가난뱅이는 우열을 논하지 않는 평등한 가난과 더불어 살아야지 제 몫의 가난마저도 버겁다고 혼자 살면 그 외로움과 설움을 어찌 견디랴.

거듭 강조하거니와 가난은 목숨을 위태롭게 한다. 잘사는 힘을 얻기 위하여 가난끼리 뭉치기는 하되 누구라도 서둘러 가난에서 탈출하라. 새로 맞이할 신입가난뱅이가 설 자리도 있으면 위로해주어야 할 슬픔이 있어야 기쁨도 생길 테니까.

며칠 뒤엔 '입춘굿놀이' 가 관덕정 마당에서 펼쳐진다. 그 굿판에 참석하려면 정성껏 갈옷으로 갈아입고 허벅을 지고 나와서 가장행렬의 일원이 되어 어깨춤을 추고 싶다.

다시 속담을 들먹거리면 '떡 진 사름 춤추난, 몰똥 진 사름 고찌 춘다.' 라고 내 형편과 딱 들어맞는 말이다. 나는 말똥을 져야 할 주제가 아니던가. 그나마 말똥이라도 지고 나와야만 구색이 갖춰지는 걸 어쩌랴.

영화 〈25시〉의 마지막 장면에서 '안소니 퀸' 이 눈으로는 울고 입으로는 웃는 그 기막힌 연기를 떠올리며 가난뱅이인 나는 더 신나게 춤을 출 것이다.

부자들이야 돈을 들이대면 얼마든지 은밀한 춤도 추게 하고 능글맞게 억지 춤도 추겠지만 서민들을 위한 공짜 축제야말로 그해의 농사 풍년이나 어획 만선이나 무사안녕을 기원하는 만남의 장이 아니던가.

아무튼 가난뱅이가 있기에 부자들은 긴장하며 사는 거다. 절대로 가난하지 않기 위하여. 가난하면 곤란하니까.

《때로는 질퍽녀의 불끈남처럼》 수필 세계

간이역에서 기웃거리는 신변잡기

고훈식

분명히 말하지만 수필은 문학이다. 문학은 글로 쓴 작품이고 독자가 읽어주길 바라는 상품이다. 인격을 염두에 둔 일기나 편지, 자서전을 아우르는 창작물이다. 그런데도 수필을 문학이 아니라고 한다면 이는 분명코 어불성설이다.

비록 멀쩡한 대문을 놔두고 개구멍으로 출입을 하는 서자도 밭이 달라 차별은 받았을지언정 성씨를 부여받고 족보에 오르니 엄연한 혈통인데 수필은 문학도 아니라니? 시로 채우지 못한 열정을 수필로 그려내는 동안 묘한 기분에 사로잡혔다.

그렇다면 수필은 스토리텔링이고 시나 소설, 희곡이라야 문학이란 말인가? 날마다 부부싸움을 한다고 부부가 아닌 건 아니다. 노숙자도 죄인도 사람이다. 수필의 본질은 진실을 바탕으로 하는 작자 개인적인 인격적 품위가 우선이고, 시나 소설, 희곡처럼 허구로 쓰는 것이 아니라 작자의 체험을 진지하게 고백하는 글이므로 인격적 품위가 있어야 한다고 한다.

이 말은 작자의 인생관, 자연관, 취미 등에 걸쳐 고매할수록 인격적인 것이 드러나고, 전문적인 학술 논문과 달리, 개인적인 체험을 문예적으로 꾸밈없이 쓰는 글이라는데 미안하지만 인격도 품위도 수필 창작을 위한 상황에 따른 자료라고 생각한다. 거짓보다는 진실이, 허구보다는 사실이 식상하여 독자의 관심을 끌지 못하면 진실보다 가상이, 사실보다는 상상으로 진면목을 발휘하는 것도 작자의 능력에 기인한다.

사회적으로 비판을 받으면 작자가 필화를 입을 터이므로 남의 작품에 비아냥거림을 호의로 둔갑시키고는 감 놔라 배 놔라 하지 말았으면 한다. 과잉충성이니까.

수필에서 인격이니 품위 유지니 성실이니 진실이니 신변잡기니 그런 말을 이젠 그만 하자. 인생의 참고서도 겸하면 좋기는 하겠지만 도덕책이 아닌 것이 분명하고, 수필가도 남의 눈치를 보면서 글을 쓰진 않으니까.

이목이 두렵긴 하지만 문학이라는 광장에선 상식을 벗어나서, 마음껏 자유롭고 싶다. 가난이 서러운 대신 상상의 날개로 미지의 영역을 확장하고 싶음을 어찌하랴.

외국 여행을 못했으니 외국여행에 대하여 글을 쓰지 말란 말인가?

상상으로 쓰건 말건 그건 내 상상이지 그대의 상상이 아니지 않는가? 저질이거나 명품이거나 내 영역이므로 쉽게 쓴 시도 간과하고 허접한 소설도 묵인하는 다른 장르처럼 스스로를 돌아보는 것도 수필의 덕목일 것이다.

이 수필집을 일부러 삼류라고 수식했다. 문제수필이라고 붙일 수도 있다. 다소나마 팔렸으면 하는 바람으로 수필집을 엮었다. 설령 기대에 못 미쳐도 크게 개의치 않는다. 이미 무명으로 겪은 내공이 있기 때문이다.

수필 속에 등장하는 나는 실제의 내가 아니다. 나의 그림자에 불과하다. 암에 걸려 죽을 뻔했을 때와 죽을 뻔했다고 글로 쓴 시점은 이미 새로운 기록으로 재생될 뿐이다. 추억의 반추인 것이다. 많이 아픈 것과 많이 아팠다는 기억은 침실에 누운 것과 땅속에 누운 상태만큼이나 차이가 크므로 이 내용이 정말이냐고 정색하며 묻지 않기 바란다.

무명 수필가에게도 자존심은 있다. 선의의 경쟁을 바라는 사회처럼 문단도 더불어 사는 여유가 있음이다. 그래서 《때로는 질퍽녀의 불끈남처럼》은 제목부터 각오를 단단히 했다. 삼류수필이기에 문제점도 없진 않을 것이다.

소설을 흔히 가공의 진실이라고 하니까 수필은 「진실眞實의 가공加工」이라는 이론을 스스로 만들었다. 그리고 묘사는「횡설수설 자동기술법」을 활용하였다.

문학 강의를 하면서 수강생들에게 수필을 잘 쓰게 하려고 사실과 다른 제안을 하기도 한다. 예를 들면 '한라산 폭설로 노루 한 쌍이 민가로 피신을 왔다.' 는 문장을 대뜸 노루 20마리가 피신을 왔다고 가정하고 거기에 맞는 상황을 전개하기를 권한다. 그래야 파노라마가 형성되니까.

수필인데 어떻게 거짓말을 하느냐고? 무엇이 거짓이란 말인가.

순간에게도 일사부재리의 원칙이 있음은 물론이다. 과거는 과거일 뿐, 실바람도 지나가면 그때뿐이다. 우리가 태어날 때 선택의 여지가 전혀 없는 비극처럼 주어진 외길 차표. 그나마 종착역에 닿기가 아쉬워서 간이역에서나마 오래 서성이다 가는 인생.

작년에 하마터면 세상을 등질 뻔했다. 그때를 생각하면 한결 여유롭다. 수필집도 한 권 못 내고 '테역벙댕이' 가 되고 만다는 그 심정, 지금은 반성문을 쓰는 기분이다. 실제로 겪은 그때를 말이나 글로 쓰일 때는 말이나 글로 만든 상황이기에 이미 사실은 없고 사실에 가깝고자 노력하는 의지가 있을 따름이다.

1. 그대 입술 내 꽃잎

첫 작품 〈푸른 눈동자〉부터 약속과 달리 'Beautiful Brown Eyes(아름다운 갈색 눈동자)' 를 듣고 있다며 외래어를 쓰고 있다. 고를 통하여 도를 깨닫는다는 하이구의 정신은커녕 심심파적을 염두에 두고 썼다. 크게 흠 잡힐 사색은 아니지만 흉잡힌 표현이 더러 있어 염려스럽다. 다만 호기심이라도 유발하려고 에로틱한 분위기를 연출했음을 미리 알린다.

남자는 하늘이고 여자는 땅이라는 말은 마음에 든다. 남자가 소변을 볼 때 서서보는데 공간 즉, 하늘을 배경으로 폭포처럼 싸고 여자가 소변을 볼 때는 앉아서 눈다. 싼다는 말은 쏿는다는 말뜻이고 눈다는 말은 늘어놓는다는 의미이다.

아이 적에 철없는 남녀가 어울려 놀면서 남자아이는 작은 고추지만 한껏 발기시키고는 오줌발 멀리 보내는 시합을 했고 여자아이들은 엉덩이를 까고 앉아서 누구의 오줌이 깊이 패는지 내기하면서 깔깔거렸다.

– 〈남녀의 계절〉 중반부

사실 격조를 높인 부분은 여기저기서 구한 자료를 활용했으니 예를 들기 쑥스러워서 스스로 창작한 부분을 썼는데 역시 삼류를 면하기 어렵다는 자책이 드는 건 사실이다.

사귀는 여자가 단둘이 만났어도 말이 줄었다든지, 눈길을 제대로 못 맞추면 이상기류가 흐르고 있다고 알면 된다. 그런 만남이 부담스러우니까 자연히 횟수가 줄어들고 대신 전화 통보로 바뀌는데 이때 반드시 지적능력으로 감지하지 않으면 나중에 치명타를 받을 여자의 대화가 있다. 언제 오겠느냐, 언제 만날까 라는 말이 없는 경우. 더하여, 요즘 바쁘다는 말, 지독히 불쾌하다. 솔직히 말해서 바쁘다는 말, 기분 나쁘다. 자신의 일정에 방해가 된다는 뜻이므로. 또 하나는 '그동안…' 이라는 그 동안은 이미 결별 수순인 줄 알면 된다.

그리고 통화 중에 부담 없이 대답할 수 있는 사안임에도 불구하고 말없음표가 아메바처럼 번지기 시작하면 갈 때까지 가고 있다고 생각하면 된다.

–〈사랑의 호르몬 옥시토신〉 상반부

여자를 만났을 때 분위기를 파악하고 원죄를 지어야 좋다는 어록이 있다. 남자의 집요한 대화 중에 여자가 불현듯 눈을 내리깔면 꽃잎 같은 입술을 초인종으로 여기라는 무언의 신호라는 것이다. 그리하면 잔불에도 물이 끓게 되어 원하는 요리를 할 수 있게 된다고 하지만 여자를 괴롭히진 말자. 문득, 무언의 신호를 보낸 잘못을 깨달았을 때 꿈꾸던 감성은 차디 찬 이성으로 돌아와 버리면 오뉴월 서릿발을 장만하게 된다.

드디어 앞이 보인다. 앞집 옥상이 보인다. 그 개가 보인다. 그런데 개 형상으로 만들어 놓은 조각처럼 네 발을 딛고 오래도록 서 있다. 아마도 무슨 기 수련을 하는 자세인 듯하다.

자세히 보니까 개 줄이 길게 놓여 있다. 어제도 개 줄에 묶인 채로 교미를 했던 모양이다. 아무튼 또 한 마리 개가 와 주어야 할 텐데… 오긴 올까? 언제 올까? 기다리자. 되도록 많이 기다리자. 기다려서 이루어지는 것들이 얼마나 많은 세상이냐, 낚시, 적금, 사랑, 소멸, 그리고 흐르는 세월도 기다림 속에 만나지는 것 아니더냐.

드디어 왔다. 또 한 마리 개가 일층 계단을 밟고 거뜬히 올라왔다. 어느 것이 암놈이고 수놈인지 알 수 없으니 참으로 답답하다.

이 대목에서는 되도록 냉정해야 한다. 주변 상황도 잘 살피고 경우에 따라서는 정당한 사유로 변명할 알리바이도 만들어 놓고 있어야 한다. 인격이 의심받지 않도록 말이지.

–〈개와 개의 향연2〉 상반부

개를 소재로 썼으니 순전히 개판이다. 나를 비롯하여 드물게나마 선의든, 비호감이든 개를 소재로 수필을 읽을 때가 있었다. 그래서 상상력을 총동원하여 썼다. 고백하자면 이보다 더 야릇하게 쓸 수도 있었지만 매사 신중해서 나쁠 것도 없다는 생각이 앞섰기에 망정이다.

한때 우리는 지남철이었다. 서로 끌어당기는 지남철로 시도 때도 없었으니 더 말할 나위가 없다고 본다. 그렇게 오래 살다가는 빨리 죽을 것 같기에 있었던 사실로 서로 자제했었고 자위해 왔다. 때로는 시쳇말로 식구끼리는 이러는 거 아니라면서. 물론 나의 스캔들 때문에 서로 권태를 묵인하지 않으면 안 되는 요인도 크게 작용했었다는 사실도 이쯤에서 고백하지 않을 수 없다. 아무튼 오늘밤은 녹슨 지남철이라도 되어야 한다.

–〈누워서 추는 춤〉 상반부

〈누워서 추는 춤〉이나〈특정인에 대한 발기부전〉에 이르면 표현이 가관이다. 되도록 말소리를 낮추긴 했다. 저질 코미디와 유사하다고 심의에 걸리면 출판은커녕 출판사 사장도 징계를 받을까 봐 염려하면서도 실제 상황이 아니므로 흥미를 유발하려는 의도도 있음을 고백한다.

2. 호시탐탐 황홀경

수필을 힘겨운 문학으로 생각하고 기발하게 쓰자고 다짐하였다. 내가 머뭇거리고 있는 지금 성스러운 의식이 펼쳐지는 순간이며, 내가 머물고 있는 이승이 성역이기에 체험하는 것마다 소중하다 한들 미완으로 끝나야 하는 것이 인간의 조건이다.

그 미완을 뿌리치고자 몸부림치는 시시포스의 고뇌를 닮은 의지가 곧 문학이다. 의지를 실천하는 용트림이 삶의 목표를 이루려는 노력이겠으나 부득불 각자 선택하는 삶의 방식으로도 결핍은 있을 터. 그것도 나름 소중하다 하여 수필로 써야 하는데 신변잡기라고 비웃음을 던지면 괜히 서글프다.

이런 급박한 상황일수록 냉정할 필요가 있다. 호랑이 굴에 들어가면 정신을 차려도 호랑이에게 잡혀 먹히니까 말이다. 주인 여는 더 기다렸다가 얼른 삽입해버리면 큰일 아니냐는 거다. 하지 못하게 막자고 이 짓을 하는 거지, 하게 해서 죄인으로 취급한들, 일단은 내 물건인데 내 물건이 더러워지면 나만 손해 아니냐는 심각한 판단착오로 모텔 방문을 비상키로 활짝 열어 재꼈다. 방안은 가관이다. 연놈이 누워서 붙어 있다. 붙어서 누워 있을 수도 있다.

–〈끝까지 오리발〉 중간부

거울을 보면 거기 비치는 내 모습은 허상임에 틀림없다.

그 허상마저 그리울 때가 온다는 사실이 은근히 두렵다. 그 두려움으로 시를 천 편이나 썼으니 수필을 쓰는 데도 비교적 자유로울 것이라는 판단도 없진 않았다. 그 자유로움은 나의 존재 유희였던 것이다.

사귄다는 말은 속삭인다는 말에서 유래한다. 아예 속을 빼고 사귄다고 하였는데 '삭인다'는 삭힌다의 원뜻으로 기쁨이나 서러움이나 외로움을 푹 익힌다는 말이다. 그렇게 톡 쏘는 것을 나누어 마시듯 마음을 섞는 것이 삭이는 거다. 여기서 속은 깊은 속내인 것이다. 그래서 속삭인다는 말은 조용조용하고 은밀하고 특별하고 간곡하고 짜릿하다. 귓속말은 하나의 입이 하나의 귀에 가까이 대고 다정한 말을 넣어주기에 소곤거리듯 사귄다가 되는 것이다. 그렇게 소곤거리다 보면 속삭이게 되고 속삭이다 보면 사귀게 되는데 사귀다가 바빠서 안 사귀게 되면 마음을 삭혀야 하는 것이다. 그래서 두 사람의 귀는 네 개다.

–〈나쁜 남자 독한 여자〉 하단부

남녀가 사귄다. 사귀라는 말에 위트를 담아보았다. 사귀라면 남녀 한 사람씩 한 쌍의 귀, 그래서 귀가 네 개인 사귀. 본래 귓속말을 귀엣말이라고 쓰는데 말이 다른 만큼 약간 다르겠지. 귓속말은 귀에 입을 대어 속삭이는 말이고, 귀엣말은 귓속말로 들은 말을 일컬음이다. 그래서 속삭이다 라는 어원은 귓속에 소곤거리듯 말하다 이고, 헤어지게 되면 속을 삭혀야 한다는 의미도 내포되었다는 가설이 가능하다. 정겹게 속삭일 수 없으면 추억을 관리하는 대신 잊으려고 오래 묵히면 슬픔도 삭아지듯 색도 바래게 되므로.

불알은 기본적으로 두 알이다. 돌연변이도 있을 수 있겠지만 모든 동물의 수컷들에게는 평등하게 두 알이다. 왜일까? 한 알이 분실되거나 기능을 상실하는 비상사태를 예비하라는 깊은 뜻이 숨겨 있다. 그래서 불알의 크기도 약간 다르다. 하나가 크고 하나가 작은 이유는 쌍방울이 똑같으면 격한 운동이나 힘차게 달릴 때 부딪쳐서 깨어지면 큰일 나니까 충분히 배려해서 크기를 조절한 것이다. 사실 내 것은 크기가 유달리 다르다. 그래서 내가 어릴 적, 할머니께서 기형인 줄 알고 바로 잡아주려고 애쓴 나머지 살아있는 청개구리 몇 마리를 어린 나에게 먹인 적이 있다. 그 덕분인지 여태껏 불알을 갖고 다니는 데는 아무런 문제가 없다. 환갑이 넘도록 잘 살고 있으니까.

-〈남자의 성기〉 하단부

〈남자의 성기〉를 여기에 삽입할까 말까, 상당히 고민하였다.
제목에 합당하려면 반드시 넣어야 하는 작품이고 인격을 의심받지 않으려면 빼야만 하는 상황이라서 넣었다가 뺐다가를 여러 번 반복하다가 결국 뺐다. 특히 초등학교 시절에 배운 니노지라는 말은 왜 나만 기억하고 있는지? 스스로도 어이없기는 마찬가지이다.

잠시 도덕적인 습성을 깡그리 말살하고 야성을 회복하려는 남자 앞에서 갓 낚아 올린 감성돔처럼 몸을 부르르 떨면서 선홍빛 낚시에 물려 비눗방울 같은 물방울을 흘리면서 제풀에 겨워 자지러지는 여자가 눈부신 여자라고 말했듯이 따뜻한 전기담요처럼 포근하게 남자를 감싸고는 만질수록 기분 찢어지게 터질 것 같은 부분을 집요하고도 정성껏 어루만져주는 일종의 헌신적인 태도에서 점차적으로 여자의 향기를 느끼게 되는 것이다.

―〈눈부신 여자 향기로운 여자〉 하단부

쉽게 말하자. 눈부신 여자는 보기에 섹시한 여자이고 향기로운 여자는 느낄수록 아늑한 여자이다. 젊은 시절은 정력이 넘쳐나니 단박에 알아볼 수 있는 눈부신 여자가 좋았고, 나이가 들어 기신이 딸리니 편하게 다독여주는 여자가 향기롭다.

3. 꿈이여 부디 한 번

수필은 진실을 진솔하게 가공하는 문학이라고 떠들었으니 착한 표정을 연출하고 싶다. 문학의 속성인 자기 성찰과 상상력의 극대화, 자연 친화력에 의한 이상향의 도래라는 거창한 깨달음도 있다면 더 없이 좋겠지만 저속한 성희를 상품으로 육화시켰다는 그럴듯한 수필일수록 모방이 태반이니 솔직히 부끄럽다.

내부 깊숙이 침투한 내부 고발자는 이중 첩자이기에 무시무시하다. 아니 내부 고발자라는 말 자체가 무섭다. 제 발등을 찍고야 말 믿는 도끼이기 때문에 더욱 그렇다. 언제 어떤 형태로 곪았다가 어떤 증폭된 힘을 터뜨릴지 모르는 시한폭탄이다. 몸속의 외딴섬이다. 다시 말하자면 암적 존재이다. 차라리 암이라고 단정해도 된다. 외부 고발자는 막거나 외유하면 진로를 바꿀 수도 있지만 내부 고발자는 이미 몸속을 파고들었으므로 같이 죽든가, 미리 영역을 내주고 떠나든가 아니면 도려내는 것이 상책이다. 어쩌면 스트레스와 너무 닮았다. 스트레스를 견제하는 방법은 이길 것인가, 피할 것인가, 포용할 것인가이다. 아무튼 내부 고발자는 골칫덩어리이고 간신 나라 충신이다.

−〈내부 고발자〉 상반부

살다 보면 여러 사람을 만나게 된다. 누구나 처음부터 만나게 된다. 첫인상이 중요하단다. 무려 0.3초 내에 호감과 비호감으로 나누어지니 이것은 심각한 문제인 것이다. 유독 나에게만 호의를 베푸는 고마움. 정작 나에게만은 피해를 주는 심술. 여기서 확장되면서 은인과 원수로 자리매김이 가능하다.

나를 대하는 태도부터 갈수록 오만하여 이토록 야릇한 수필 제목을 대하는 표정에서도 알게 된다. 꼭 미워서만은 아니겠지만 밥이 되지 않는 시를 평생 끌어안고 사는 것 자체부터 어리석었으니 하루바삐 정신 차리라고 따끔하게 일침을 받기도 하지만 일부에서 권유가 있었기에 가능했다고 변명 아닌 변명으로 만용을 부렸던 거다. 사실, 사사건건 미움을 퍼붓는 인물이 없진 않았다. 그래서 스트레스의 기본적인 현상을 차용했음이다.

그래서 오십을 인생의 정점이라고 설정한 것이다. 오십을 넘기면 힘깨나 쓰면서 살았다고 후일담도 남길 수 있는 거다. 이 후일담을 위하여 배신도 배신다운 배신을 때리라고 주문을 하는 것이다. 서툰 영어지만 단어 두 개를 차용하련다. '마인드 컨트롤' 이라는 기능을 익히자는 말이다. 구태여 직역을 하면 '마음 부려먹기' 가 될 것이다. 스스로 마음을 다스릴 줄 알면 여자나 남자나 오십을 제대로 살고 있는 상태로써 칭찬받을 만하다. 즉, 분노를 스스로 반죽할 줄 안다는 말이다.

–〈배신의 진면목〉 하단부

여자 나이 오십 대. 심각한 변화를 앞둔 상당히 중요한 나이다. 미모가 상존하던 자리에 위엄이 도사리기에 알맞은 나이. 〈배신의 진면목〉은 스스로 마음을 다스리는 여백을 지니라는 의미이다. 거짓인 줄 알면서도 대충 속아주고, 손해인 줄 알면서도 어느 정도 따라주고, 스스로 분노를 삭일 수 있는 능력을 키우면 긍정의 힘으로 인생이 새로워진다는 그런 내용이다.

가난 때문에 울 일이 많은데도 내가 울면 덩달아 식구들이 울까 봐 애써 참고 있다. 그런데 자수성가하여 재벌이 된 친구는 나보다도 싸구려 옷을입고 다닌다. 입에는 항상 미소를 지으며. 가끔은 자랑도 한다. 자기는 낮잠을 자고 있어도 돈이 불어나고 있다고, 이자를 말함이다. 거기다가 연금도 달마다 상추 잎처럼 싱싱하게 돋아난다고. 이 지경까지 얼마나 고생했는지 요소마다 곡절마다 조미료를 첨가하였으니 성공담은 감칠맛이 더하다. 그런데 누구를 도와주었다는 말은 한 마디도 없다. 벽돌 하나를 잘못 빼었다가 성이 무너질까 봐 자선의 만용도 욕심으로 보는지 절제함이 겸손하여 거룩하기까지 하다.

–〈개새끼〉 하단부

이 대목은 남을 돕겠다는 실천이 얼마나 어려운가를 극명하게 보여주려는 의도이다. 어느 정도 기반을 다졌으면 불우한 이웃도 생각하여 '이만큼의 여유를 남과 나누었을 때 내 삶은 얼마나 불편할 것인가?' 라는 자선의 기본으로 슬그머니 인품을 지적하고 싶기도 하고, 한편으로는 내 시도 귀여운 구석이 있다 하여 적극 도와주는 은인들이 있음을 힘주어 고백하고 싶기도 하다.

누가 말하기를, 태어날 때부터 노비의 자식이고 꼽추이고 문둥병 환자가 되어 서른도 못 살고 비참하게 죽은 삶과, 태어나기를 재벌 외아들로, 더하여 두뇌마저 명석하여 박사학위를 받음은 물론이고 정계로 나가 국회의원까지 지내면서 여든이 넘도록 부귀영화를 누린 삶 중에서 어느 것이 잘살았냐고 물어왔다. 물론 후자가 잘산 것은 맞되 우선 예비 질문부터 대답을 하라고 다그쳤다.

진정 운명이나 숙명이 있는 거냐고?

-〈말똥 철학〉 상반부

어이없게도 운명과 숙명을 제대로 구분 못하는 사람들이 있다.

인터넷에선 어떤 지식 정보를 알려줄지 검색해 보았더니, 운명은 눈앞에서 쏜 화살이므로 피해 갈 수 있고, 숙명은 등 뒤에서 쏜 화살이기에 피할 수 없다는 내용도 있다. 내 생각과는 근본적으로 다르다.

대충 밝히면, 인간으로 태어난 것은 운명 어떤 인간으로 사느냐는 것은 숙명, 시를 만난 것은 운명이고 어떤 시인으로 살았느냐가 숙명이다. 그래서 모든 만남은 운명이고 만남으로 이루어진

전 과정은 숙명이다. 숙명은 거절해도 되는 숙제 같은 거고, 운명은 거부할 수 없는 천륜 같은 거다. 한자로 '宿' 자가 여인숙과 같아 잠을 자면서 해오라는 숙제가 아닌가 말이다. 이 세상에서 잠자고 일하는 동안 이룩하라는.

크게 보면 너와 내가 반드시 다르기에 경험이 다른 만큼 체험의 우열을 논하는 자체가 어불성설이다. 행복을 최선이라고 상정하거나 장수 비결을 염두에 둔 경우라야 재벌이 무조건 가난보다 윗길이 되고 요절보다 장수가 축복받을 일이긴 하지만 신격으로 따지자면 그게 그거인 것이다.

4. 일확천금 독수리

삼류수필이라는 탈을 쓰고 흥겹게 천방지축을 울렸으니 이제 문학적 역량을 발휘해야 할 때다. 문학이란 슬픔을 달래는 술인가? 괴로움을 이기는 당의정인가? 체험에서 구한 성찰의 흔적이 수필이라고도 하는데 산중에서 오두막을 짓거나, 포구에서 서성거려도 죄가 없으면 제멋에 겨운 삶이기에 내가 겪은 경험을 미적 구조로 장착한 지성과 감성은 내 인생 담론인 것이다.

속이 보인다는 것은 비운다는 의미의 실천이다. 비웠으니까 온전히 현재를 만난다는 뜻이다. 아무것도 남아있지 않은 현재, 아니면 아직 아무것도 없는 현재 앞에서 나의 고독은 절실하고 절박하다. 그 절대적인 고독 속에 지혜가 싹튼다는 말이 성립되는 것이다. 나인 경우 그토록 심오한 경지가 아니고 이성에 대한 그리움일지라도 고독이 깊어지면 고독 자체가 푸른곰팡이를 키우게 된다고 믿는다.

그토록 고독은 스스로 치유되고자 부단히 노력하기에 아름다운 것이다. 비록 고독을 느끼는 동안은 아픔이라는 상처가 아직도 남아있어 두렵기도 하지만 마음을 비울수록 속이 순수하기에, 순수함이 거듭될수록 얼마든지 새로울 수 있기에, 거듭날수록 새로운 세상을 만날 수 있기에 고독은 늘 푸른곰팡이를 키우는 것이다. 비록 늘 푸른곰팡이가 푸른곰팡이로 죽는다 해도 그 사람 이름은 잊었지만 그 입술은 내 가슴에 남아있다고 기억하는 한 고독은 지혜의 얼음 궁전이다.

-〈고독의 푸른곰팡이〉 상반부 하반부

고독이 절절하다 하여도 인내하는 솜씨가 잔잔하기에 〈고독의 푸른곰팡이〉를 읽는 독자는 비로소 안도할 것이다. 그나마 문학적 소양을 갖추었으니. 이해타산을 배제했다는 저의는 감추고 이나마 수필다운 수필을 썼으니 다행이 아니겠느냐고 맞장구를 구할 수도 있으니.

사람은 어떤 경우에도 건방져서는 안 되지. 맞장떠서 적을 만들어도 안 되지. 나 역시도 고개를 치들면 빗물이나 콧구멍으로 들어올 뿐, 나의 장점을 북돋아주고 결점을 지적해주는 은인도 어느덧 낯선 인물로 변하고 말지.

그런 내가 조용히 웃는데 나보다 등급이 높아졌다고 방자하게 웃는 옛날 소작인에게 이장 자리를 내주지만 애써 위축된 모습을 보이면서도 그 약은 나도 구할 수 없다고 설레발을 칠 것이다.

–〈겸손하면 약간 불편하다〉 하반부

산을 오르던 젊은 여인이 자일을 몸에 감고 암벽을 오르다가 그만 줄을 놓치고 계곡으로 굴러떨어졌다. 사람 살려달라는 소리에 등산을 하고 있던 남자가 그곳으로 급히 찾아갔다. 의식이 가물거리는지 이미 반눈만 떠 있고 머리가 깨져 얼굴에 피가 낭자하다. 위급한 상황임을 감지하고 핸드폰으로 119에 구조신호를 보내고 나서 여인의 머리를 지혈하려고 상의를 벗고 내의로 여인의 머리를 싸매려고 다가섰더니 여인의 입이 남자의 젖가슴 께에 닿았다. 그 와중에도 여인은 고개를 비틀었다.

–〈남자의 수명〉 중간부

〈겸손하면 약간 불편하다〉는 위트가 내재된 스토리텔링도 수필이 될 수 있다는 상상력으로 쓴 창작이고, 〈남자의 수명〉은 인터넷 만화에서 내용 일체를 차용한 수필이다. 삶이 자연의 모방이니까 수필 또한 더불어 사는 사람들의 체험담을 글로 모방할 수 있다는 착안에 작품으로 활용하였음을 밝혀둔다.

나무의 높이는 3m도 넘는다. 어쩌면 장엄한 행동일 수도 있는데 슬로우비디오를 보는 것처럼 눈앞 전경을 꽉 채우게 된다. 공중회전을 두 번이나 돌고 있다. 내 생각으로는 사자와 호랑이와 표범과 치타와 삵을 기능적으로 압축하여 만든 것을 고양이로 보기 때문에 그 발바닥에도 스펀지처럼 푹신한 살점이 있어 불현듯 착지를 해도 뇌로 가는 충격을 흡수하게 되어 있는 것이다.

사람인 경우는 장수하고 싶어서 진화했기 때문에 허리가 약점인 만큼 잘못 착지하면 뇌까지도 손상을 입게 되어 있다. 그럼에도 불구하고 마사이족이나 어떤 집단에서는 조상 대대로 맨발로 걷다 보니까 발바닥이 두툼하여 잘 걷는 모양이다. 최근에 출시된 기능성 운동화를 보면 밑창이 평소 신는 것과 다르다. 가만 있자…, 들고양이가 일촉즉발 공중회전을 하고 있는데 웬 운동화 타령이냐.

-〈눕다 앉다 서다〉 중간부

〈눕다 앉다 서다〉는 「횡설수설 자동기술법」이 적절하게 적용된 예문이다. 왜냐하면 이 상황이나 전경이 전혀 없는 화장실에서 발로된 추리력이므로. 우리가 한참이나 대화를 하다가 내용을 증폭하려고 잠시 딴 생각을 하다 보면 정작 해야 할 말을 잊어버리고는 오히려 청자에게 되묻는 형식을 취해보는 것도 수필의 묘미라는 착안으로 썼다.

상상력이 있으니 삶이 아름다운 것. 상상하는 힘도 빛에 쪼들리거나 병상에서 신음하게 되면 비극적인 형태로 나타나기에 마냥 안쓰럽다. 그나마 평화로운 시간에 구한 상상의 산물이기에 나에겐 귀한 작품이다.

슬프다는 무엇이고 또한 무슨 뜻일까? 쓸쓸해서 실망하고 싶다가 줄어든 말일까? 그렇다면 기쁨은 또 무슨 뜻인가? 왜 기쁨을 기쁘다고 했을까? 어쩌면 기를 뿜어내는 기분이거나 기운이 아닐까? 그래서 기쁨은 가볍고 날아갈 것같이 신나는 일인 것이다. 그래서 슬픔은 눈물이 배어 있는 실망과 같고, 기쁨은 눈부신 햇살 같은 것이다. 무게로 값을 매긴다면 슬픔이 무거운 이유를 알겠지?

–〈조엽鳥葉의 사이비 설교〉 상반부

이 작품에서는 언어유희로 한바탕 속을 풀어냈다.

한글학자는 아니지만 육십이 넘도록 한글로 시를 썼고, 붓글씨도 썼으니 나름 한글에 대한 사랑도 있어야 한다는 당위성으로 단어 하나에도 관심을 가져 보았다.

슬픔이라는 안타까운 말, 도대체 왜 슬픔이라고 이름이 붙었는지 몹시 궁금했다. 답은 무척 쓸쓸하고 싶음에서 태생하였다는 결론을 얻었다. 아름다운 대립선상은 기쁨인 것이다. 기쁨은 기氣를 뿜어내는 활발한 움직임과 같은 맥락이다. 더하여 외로움의 외는 오직에서 파생되었으며 기다림은 기대고 싶음에서, 그리움은 그려본다는 절박감에서, 하품은 하염없이 자고 싶음의 변형이라고 생각해 보는 것도 말을 다듬는 언어유희인 것이다.

5. 울면서 웃으면서

이 단락은 가난을 중심축으로 썼다. 가난이 얼마나 불편한지 수필로 쓰면 도대체 어떤 형태로 나타날지 본인도 모르기는 마찬가지였다. 가족에게 미안하고 독자에겐 쑥스러워서 생각의 폭을 좁히기도 했지만 이면에 보여지는 부분이 따로 생길까 봐 조심스럽긴 하다.

여기에 실리지는 않았지만 고사리 꺾으러가서 느낀 사색도 있다.

'고사리 꺾기와 보말 잡기'를 '낚시나 사냥'에 비교한다면 한 급수가 낮고 '요트와 골프'에 비한다면 급수가 더 형편없겠지만 고사리 꺾으면서 습득하는 산책의 묘미와 보말 잡으면서 깊어지는 사색은 어떤 상황에서도 결코 하급이라고는 단정할 수 없는 것이다.

–〈고사리 꺾으러 가게마씀〉 하반부

제주도에서는 거의 없는 현상인데 서울에선 가끔 술 취한 버스 승객이 멀쩡하게 운전기사에게 폭력을 행사한다는 뉴스를 접할 때가 있다.

버스 타야 하는 주제라 술맛도 지독히 썼는지 눈이 휘돌아서 등받이도 근사한 좌석에 선글라스를 끼고 하얀 면장갑 낀 손으로 대형 버스를 요리 조리 운전하는 기사를 오만한 상류층으로 착각하고 그런 만행을 저지르는 것 같다. 버스기사는 상식적으로 서민에 속한다. 일과가 끝나고 귀가할 때 대개 버스나 지하철을 이용한다. 물론, 일급 운전면허증 소지자이기에 형편에 의하여 중고 자가용 소유자도 더러 있겠지만.

좌석을 양보해 주지 않는다고 요즈음 학생들이 예의범절이 없다며 괘씸하게 생각하기 전에 가슴에 손을 얹고 나는 나를 돌아봐야 한다. 왜 자가용이 없는지, 왜 택시를 못 타는지, 왜 아직까지 살고 있는지를.

–〈버스와 자수성가〉 중간부와 하단부

그대의 남편이나 아내가 코를 곤다. 듣기만 해도 잠자는 모습이 썩 아름답지 못하다는 증거다. 매일 골았는가? 젊었을 적도 그렇게 코를 골았는가? 젊은 혈기로 일을 많이 하여 피곤하여 깊은 잠에 빠졌을 경우, 깊은 숨 쉬느라고 숨소리가 컸는지 몰라도 코를 그다지 심하게 골지는 않았다. 긍정적인 상황과 적극적인 수면 상태에서 고는 콧소리는 옆에서 듣기에도 그다지 거부감이 없다.

반복되는 리듬이 일정하고 어쩐지 활기차서 당연한 느낌을 받기 때문이다. 그래서 힘이 넘치는 젊은 날은 깊은 수면 상태에서도 자기 방어나 제어를 잠재의식 속에서도 활용하기 때문에 유독 몸에 이상 징후가 있거나, 크게 마음이 상하지 않은 날은 꾸는 꿈도 능히 잠결을 도와주므로 대체적으로 육체나 정신이 건강한 상태인 것이다.

–〈슬픈 코골기〉 중단부

그러나 가난은 꼭 죄인 것 같은 것은 피할 수 없는 사실이다. 아무리 너그럽게 생각해도 가난은 게을렀기 때문에 발생한 재난임을 부인하기 어려운 것이다. 그래서 근본적으로 가난은 밉상이다.

국어사전에도 가난의 원말은 간난艱難이라고 적혀 있다. 간난이란 '몹시 괴롭고 귀찮은 삶' 이라는 뜻이란다. 참으로 가난이 실감나는 대목이다.

거듭 강조하거니와 가난은 목숨을 위태롭게 한다. 잘사는 힘을 얻기 위하여 가난끼리 뭉치기는 하되 누구라도 서둘러 가난에서 탈출하라. 새로 맞이할 신입가난뱅이가 설 자리도 있으면 위로해 주어야 할 슬픔이 있어야 기쁨도 생길 테니까.

–〈춤추는 가난〉 중단부와 하단부

인생은 희비쌍곡선이라고 한다. 음양과 허실, 동전의 양면이 있기에 밤낮이 교차로 세상은 형이상학과 형이하학이 씨줄과 날줄로 엮어진다. 빈손으로 와서 빈손으로 떠나는 결핍이 없다면 삶의 목표는 없다.

겨우 두 돈짜리 금반지를 사서 자랑하려는데 몇 캐럿짜리 다이아 반지 앞에서 상대적 빈곤은 어찌 생성될 것이며 저 하늘에도 슬픔은 영영 없으니 잘살겠다는 의지 또한 봄눈 녹듯 사라지고 말 것이다. 그래서 명품 수필과 허접한 수필도 더불어 사는 거다. 목마를 타려면 남의 목덜미가 필요하듯이 헹가래를 받으려면 군중의 지지가 절대적이다.

저기 산이 있으니 올라가는 거고, 산 너머 산이 있으니 다시 올라가는 거다. 이 수필집을 내는 궁극적인 목적은 수필을 아끼는 시인으로서 수필가 대신 인격을 의심받아보자는 만용에서 비롯하였다. 위험은 도사리고 있지만 나쁜 쪽으로든, 더 나쁜 쪽으로든 어느 정도는 익명의 독자들로부터 관심을 받아온 건 사실이다.

나의 수필의 특성은 모두에도 밝혔지만 동서고금의 명언을 극히 자제하였고, 외국어 사용도 제한하였으나 짐짓 수필 해설에 엉뚱한 표현을 더러 했음도 고백한다.

아쉬운 점은 수필의 주종인 진선미를 심도있게 표출하지 못한 대신 삼류로 흘러버린 오만함은 미지의 독자들께 미안한 마음 감출 길이 없다. 아직도 의욕이 남아있으니 차후로 수필의 진면목을 보완하고자 한다.

때로는 질퍽녀의 불꼰남처럼

고훈식 지음

발행처 | 도서출판 국보
발행인 | 임수홍
편 집 | 맹신형
디자인 | 윤영숙
등 록 | 제 324-2006-0023호

인쇄 2012년 3월 30일
발행 2012년 4월 05일

주소 | 서울시 강동구 길동 395-3 2층
전화 | 02-476-2757 / 476-7260
팩스 | 02-476-2759
이메일 | kbmh11@hanmail.net
홈페이지 | http://cafe.daum.net/lsh19577

값 12,000원
ISBN 978-89-93533-28-6 03800